KB261060

굿바이, Stress
웰컴, Success

굿바이, Stress 웰컴, Success

펴낸날	2003년 9월 20일 초판 1쇄
지은이	클레어 해리스
옮긴이	박수철
펴낸이	이숙경
주간	권태현
기획위원	이흔복
편집	신승철, 김혜정, 이영란
디자인	이파얼, 임용순
마케팅	류문선, 강진호
관리	박순덕
펴낸곳	이가서
주소	서울시 마포구 서교동 330-1 2F
전화	02-336-3503
팩스	02-336-3009
이메일	leegaseo@naver.com
등록번호	제10-2539호
ISBN	89-90365-28-7　　03840

가격은 뒤표지에 있습니다.
저자와 협약하여 인지는 붙이지 않습니다.

굿바이, Stress

클레어 해리스 지음 · 박수철 옮김

웰컴, Success

이가서
Leegaseo publishing

저자의 말

이 책은 몸과 마음의 밀접한 관계에 관심 있는 사람들에게 큰 재미를 선사할 것이다. 오래 전부터 동양사상에는 '몸과 마음은 하나다'라는 철학이 있었는데, 이제 이러한 시각은 서양에서도 화학과 생물학을 통해 과학적으로 증명되고 있다.

그동안 나의 주요 연구 관심사는 사람들이 느끼는 긴장이었다. 대체 무엇 때문에 우리는 긴장할까? 긴장이 우리의 기분과 행동에 미치는 영향은 무엇일까? 이처럼 긴장에 대해 깊이 파고들다 보니 결국 긴장 해소방법도 연구하게 되었다. 풋내기 초등학교 교사시절 나는 아이들이 근심 걱정 때문에 정신 장애를 겪고, 급기야 학습 장애까지 생기는 모습을 지켜보았다. 안타까운 심정으로 자세히 살펴본 결과 나는 그것을 극복하는 비결은 아이들의 긴장을 풀어주고 자신감과 희망을 품도록 도와주는 데 있음을 알아냈다.

이후 나는 마사지사 자격증을 땄고, 몇 년 동안 마사지 방법을 가르치면서 사람들의 몸이 서로 얼마나 다른지 몸소 겪었다. 우리 몸은 저마다 특이한 개성이 있었다. 마사지를 해주면서 사

람마다 각자 다른 육체적 긴장 패턴이 있음을 깨달았다. 생물에
너지 요법까지 공부한 모든 사람에게는 독특한 정신적 긴장 패턴
이 있고, 생물에너지 요법을 쓰면 그 사람의 몸을 통해 근심, 공
포, 분노 등의 감정을 읽을 수 있는 사실을 발견했다.

이후 나는 종합 카운슬러 자격증을 땄다. 그런데 종합 카운
슬러의 교육 과정은 괜찮았지만, 대부분 사람의 마음에 초점이
맞춰져 있었고 상대적으로 몸은 소홀히 하는 듯했다. 그래서 사
람의 몸과 마음 그리고 영혼까지 모두 다루는 종합적인 치료법을
쓰고 싶었다. 솔직히 이 방식을 선택한 나는 행운아인 셈이다.

크랜필드 경영대학의 개인능력개발 실습센터에서 강의하면
서 이미 직장인들에게 너무나 익숙해져 버린 엄청난 압박감의 심
각성을 깨달았다. 훌륭한 동료들의 아낌없는 도움과 관심 덕분에
수강자들에게 몸과 마음의 관계를 가르치는 프로그램 개발에 착
수했고, 그들이 나의 종합적인 방법을 통해 스트레스를 적절히
관리하도록 유도했다. 나는 그들이 몸과 마음의 만성적인 스트레
스를 해소하고 건강을 지키는 방법을 스스로 찾는 수단을 개발하
려고 했다. 다행히 반응은 아주 좋았다.

덕분에 대기업 직장인들 사이에서 명성이 자자해졌다. 이 책
의 모든 내용은 이미 철저히 검증받았다. 부디 여러분이 이 책을
통해 스트레스에서 벗어나 자신의 잠재력을 발휘해 빛나는 성공
을 거두기 바란다.

클레어 해리스

이 책을 활용하는 방법

이 책은 모두 5장으로 구성되어 있으며, 각 장에는 직장생활에 따른 압박감에 적절하게 대처할 수 있는 전략이 나온다.

1장에서는 직장생활에서 스트레스가 우리의 몸과 마음에 미치는 영향을 살펴보았다. 또한 보편적인 스트레스 요인들을 살펴보고, 독자들 스스로 주요 스트레스 요인들을 점검하는 방법도 설명하였다.

2장에서는 스트레스가 우리의 사고, 감정, 행동, 건강 등에 미치는 영향을 주로 다루었다. 그리고 자기 생각을 점검하고 몸이 보내는 신호를 감지하는 방법도 소개하였다. 기업 분위기가 예측하기 어렵다는 점을 감안해 변화라는 주제도 자세히 살펴보았다. 일단 변화의 의미를 제대로 이해하면, 아무리 급격한 변화라도 거뜬히 이겨낼 수 있다. 스트레스의 영향을 살펴봤으므로 이제 남은 것은 스트레스 해소 방법이다.

3장에는 여러 가지 스트레스 해소 방법과 육체적·정신적 건강증진방법이 나온다(이 방법들은 모두 철저한 검증을 받았다). 이와 관련해 호흡조절, 적당한 운동선택, 건강식단, 숙면 등의 중요성을 살펴보고, 긍정적인 사고, 직장생활과 가정생활의 균형, 목표설정, 비전수립 등을 통해 정신적 스트레스를 해소하는 방법도 소개하였다.

4장에는 각 문제에 대한 구체적인 해법과 직장에서 자주 겪는 문제에 대처하는 방법이 나온다. 직장인들이 겪는 문제는 의사결정, 의사소통, 시간 관리, 권한 위임, 여러 형태의 괴롭힘 등 다양하다. 다음에 나오는 5가지 기호는 각 상황에 필요한 운동이나 긴장 해소 방법을 나타낸다. 오직 진한 색의 기호만 특정 문제에 적용된다. 이 기호에 대한 상세한 설명은 다음과 같다.

● **기호설명**

제4장 본문 소제목 아래에 나오는 5가지 기호는 각 유형의 문제에 가장 적당한 운동과 긴장 해소 방법을 뜻한다.

★ — 스쿼시, 테니스, 샌드백 치기 등 비교적 격렬한 운동.
● — 요가, 태극권, 기공체조, 스트레칭 등 부드러운 운동.
▲ — 혼자나 여러 사람과 함께하는 조용한 명상.
◆ — 마사지, 지압, 영기기의 조작을 통한 치료 행위의 일종 등 접촉 요법.
♥ — 달리기, 자전거 타기, 수영 등 심장혈관계 운동이나 유산소 운동.

5장에서는 마음을 진정시키고 육체적 긴장을 즉시 해소하는 일종의 응급처치 몇 가지를 설명하였다.

차례

1장
스트레스, 지금 어디만큼 왔나

● 스트레스는 직업병인가 ● 스트레스가 식상인들에게 비치는 영향 ● 육체와 정신의 밀접한 관계 ● 스트레스의 악영향 ● 스트레스 요인을 찾아내라

21세기 들어 기업환경과 직장생활은 날로 전쟁터를 방불케 하고 있다. 인터넷의 등장에 따른 정보 전달속도의 획기적인 변화로 우리는 시시각각 나타나는 새로운 정보를 따라가는 데 급급하고, 기존의 평생직장 개념은 완전히 사라졌으며, 기업은 경쟁력 강화를 위해 그 어느 때보다도 감원에 적극적이다.

하지만 이처럼 급변하고 불안정한 상황을 감안하더라도 우리는 엄연히 살과 피가 있는 인간이다. 사실 지금까지 인간은 다양한 환경에 적응하며 살아왔다. 원시인들은 살아남기 위해 목숨을 걸고 싸워야 했다. 그런데 우주 정복을 공언하는 지금도 우리 삶은 너무 고달플 때가 많다.

1장에서는 직장에서 겪는 스트레스의 영향을 살펴보겠다. 스트레스가 우리 몸과 마음에 미치는 영향과 가장 대표적인 스트레스 요인들을 살펴보고, 개인별로 가장 심각한 영향을 미치는 스트레스 요인을 파악할 수 있는 방법에 대해 알아보겠다.

스트레스는 직업병인가?

일반적으로 스트레스 하면 부정적인 느낌을 준다. 원래 이 말은 주로 건축가들과 엔지니어들이 금속 같은 건축 재료가 받는 압력을 측정하기 위해 사용한 말이다. 이를테면 건축설계사는 건물이나 교량의 압력, 즉 스트레스를 측정해 해당 구조물의 안정성 여부를 계산한 것이다. 그러다 20세기말에 들어 스트레스는 주로 일이나 일상생활에서 느끼는 압박감을 가리키는 말로 변했다.

그런데 스트레스가 반드시 부정적인 결과만을 가져오지는 않는다. 일정한 양의 스트레스는 의욕을 가져다주기도 한다. 예를 들어 유능하고 성실한 팀원들이 아주 촉박한 기한 내에 어려운 작업을 끝해야 하는 경우를 가정해 보자. 이때 그들은 압박감을 느끼면서도 일종의 흥분을 맛본다. 작업 속도는 탄력을 받고 성과는 눈부시다. 드디어 일이 끝난 뒤 모두들 탈진해 드러누워 대체 어떻게 우리가 해낸 거야? 하며 서로 쳐다본다.

이렇듯 단기간의 스트레스는 일종의 자극제로서 업무수행 능력을 엄청나게 향상시킨다.

그렇다면 스트레스가 부정적인 영향을 미치는 경우는 언제일까? 참으로 묘한 사실은, 할 일이 너무 많은 경우뿐만 아니라 할 일이 너무 적은 경우에도 스트레스를 받을 수 있다는 점이다. 너무 쉬운 일을 할 경우 지루함을 느끼기 때문에 스트레스를 받을 수 있다.

내가 기억하는 어느 똑똑한 여대생은 무척 따분했던 아르바이트에 대해 이렇게 말했다.

저는 눈감고도 일할 수 있었어요. 사실 가끔씩 진짜 눈을 감고 하기도 했어요.

결국 아주 심하고 오랫동안 계속되는 장기적인 스트레스가 문제이다. 일시적인 과로는 그다지 큰 압박을 주지 않는다. 하지만 오랫동안 지속적으로 압박하는 스트레스를 극복하기 위해서는 적절한 스트레스 관리 기법이 필요하다.

이제부터 이것을 살펴보도록 하겠다.

야키스-도드슨 법칙은, 1908년 심리학자인 로버트 M. 야키스와 존 D. 도드슨이 생산성과 반비례하는 압박감에 관한 역 U자 모델을 개발하는 과정에서 발견되었다. 역 U자 모델에 따르면, 스트레스 수준이 어떤 한계를 넘어 일정 기간 동안 과부하 수준을 유지할 경우 업무수행 능력과 생산성이 떨어지고, 건강도 나빠진다고 한다.

그리고 압박감 수준이 높거나 낮아도 능력 저하 현상이 나타나는 반면 압박감 수준이 높지도 낮지도 않은 중간 수준에서는 작업 의욕과 생산성이 최고조에 이른다고 한다.

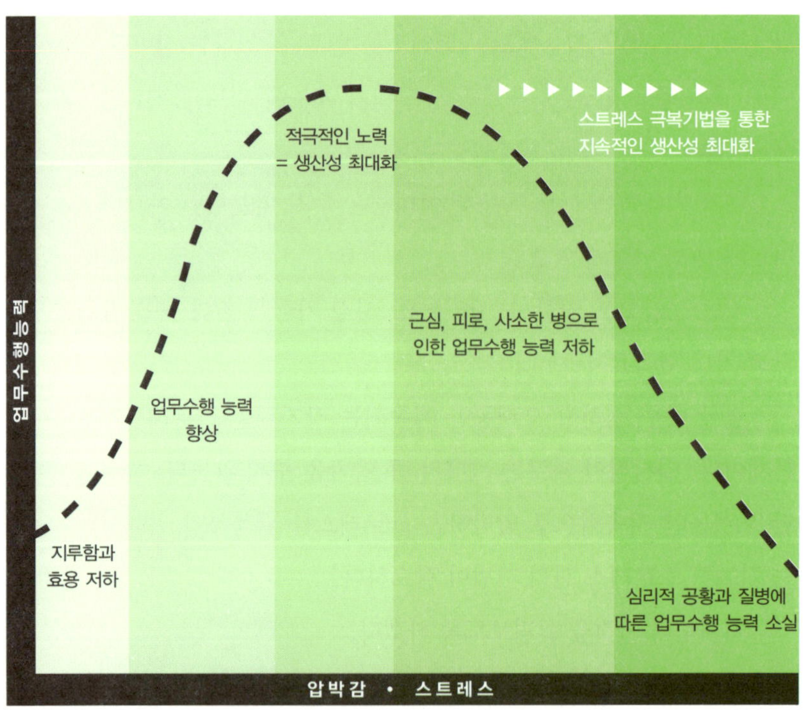

016

오늘날 기업환경은 갈수록 경쟁이 치열해지고 끊임없는 자기혁신과 생산성 향상을 요구하고 있다. 기업들은 경쟁 업체보다 앞서려고 안간힘을 쓴다. 간부들은 잔뜩 인상을 쓰면서 '절간이 싫으면 중이 떠나야지, 안 그래?' 하며 호통치지만, 그들 역시 스트레스에 시달리긴 마찬가지다.

이 현상은 '직원은 기업의 가장 소중한 자산!' 이라는 구호를 내건 기업에서도 나타난다. 오늘날 기업에서는 대부분의 직원이 과부하에 걸려 있다. 이제 이와 관련한 몇 가지 통계를 살펴보자.

- 현재 산업국가 중에서 미국인의 업무시간이 가장 길다.
- 미국 노동인구의 78%가 일 때문에 스트레스를 느끼고, 50%가 매일 심한 스트레스를 받는다.
- 미국 안전 위원회의 추산에 따르면, 스트레스와 관련된 문제로 하루 평균 100만 명이 결근한다.
- 미국 기업들은 스트레스에 시달린 직원들의 의료비로 매년 10억 달러 이상 지출한다.
- 미국 전체 노동자의 25%가 일을 최악의 스트레스 요인으로 꼽았다.

이처럼 상황은 심각하다. 한 사람이 스트레스를 받으면, 마치 조약돌이 연못에 파문을 일으키듯 연쇄효과가 나타난다. 스트레스로 고생하는 사람은 삶이 힘겨워지고, 그 영향은 가족, 친구, 동료, 고객 등에게까지 미친다. 건강 상태가 나쁠 때 사람들은 자기 잠재력을 깨닫지 못한다. 기업은 자기 회사 직원들이 가장 소중한 상품인 점을 인식하고, 그들이 스트레스를 효과적으로 관리하도록 지원을 아끼지 않아야 한다.

육체와 정신의 밀접한 관계

흔히 서양인들은 육체와 정신을 별개의 것으로 여긴다. 정신은 정보를 처리해 문제를 해결하는 반면, 육체는 그저 행동만 하는 것으로 생각한다. 이 사고 방식에 따르면, 육체적 건강과 정신적 건강은 서로 별 다른 영향을 주지 않는다. 그렇지만 육체와 정신은 별개의 것이 아니다. 오히려 육체와 정신은 밀접하게 연결되어있기 때문에 상부상조가 가능하다. 수많은 과학적 증거에 따르면, 분명 정신과 육체는 상호영향을 준다. 심지어 화학적·세포적 차원에서도 서로 영향을 미친다고 한다. 이것이 뜻하는 바는 실로 엄청나다. 예를 들어 어떤 사람이 면접시험을 앞두고 있을 경우 간단한 상상기법을 통해 긴장을 해소할 수도 있다.

오늘날 직장생활은 그야말로 다람쥐 쳇바퀴 돌듯 돌아간다. 따라서 우리는 하루에도 몇 번씩 공습경보를 느끼고, 우리 몸은 늘 전투태세 상태에 놓인다. 결국 우리는 스트레스를 느끼고 심할 경우 병에 걸리기도 한다.

직장생활이 스트레스의 주범임은 누구나 안다. 따라서 스트레스를 줄이는 유일한 방법은 기어를 저속으로 바꾸는 것뿐이라고 여긴다. 하지만 육체와 정신의 깊은 연관을 확실히 이해하면 더 효과적인 방법이 보인다. 즉 스트레스를 주는 환경에 대처하는 방식의 전환이 그것이다.

지금까지 나는 수많은 사람에게 육체와 정신의 밀접한 관계를 강조했다. 물론 대부분 관계가 있다는 것을 대강 알고 있었지만, 육체와 정신의 관계를 적절히 이용할 경우 나타날 엄청난 긍정적인 효과는 제대로 알지 못했다. 또한 두뇌는 대단히 중요한 부분으로 보는 반면, 몸은 단지 두뇌가 머무르는 집으로 보는 사람들도 많았다. 심지어 두뇌가 머물기에는 너무 불편하고 누추한 집으로 여기는 사람도 있었다.

그런데 육체적 건강을 돌보는 구체적인 방법을 알면 인식작

용과 문제해결 능력이 향상될 수 있고, 정신적 기법을 통해 혈압을 낮추고 숙면을 취하고 면역 능력을 강화하는 방법을 배울 수 있다. 그리고 육체와 정신의 관계를 잘 활용하면, 육체적 건강은 물론 삶에 최선을 다하는 태도를 갖추는 데도 도움이 된다.

언젠가 어느 회사의 의사는 내게 "대체 의대에서 왜 이 중요한 사실을 가르쳐주지 않았을까요?" 하고 말한 적이 있다.

이 책은 주로 육체와 정신의 관계에 초점을 맞추고 있다. 앞으로 여러분은 여러 가지 연습을 통해 단계적으로 효과적인 스트레스 해소 방법을 터득할 수 있을 것이다. 정신적 · 육체적 에너지를 효율적으로 관리하는 방법을 배우면, 분명 건강과 성공이라는 선물을 받을 수 있다.

스트레스의 악영향

늘 바쁜 생활에 쫓기는 현대인들의 정신은 혼란스럽기 마련이다. 크건 작건 간에 모든 일은 두뇌의 인식 작용을 거친다. 사람들은 하루에도 수천 번씩 그것을 평가, 비교, 분석한다. 예를 들어 회사에 출근해 사장의 기분이 좋지 않은 것을 알아채고 '저 양반이 왜 저럴까?' 하고 생각할 수 있다. 혹은 밤을 새는 한이 있어도 업무를 처리하라는 지시를 받고 '어떻게 일을 빨리 끝내야 오늘밤 아들 녀석의 야구경기 모습을 볼 수 있을까?' 하고 생각하는 경우도 있다.

정신이 평범하거나 흥미롭거나 혹은 놀라운 온갖 현상을 해석하면, 육체는 즉각 행동에 나설 채비를 한다. 흔히 전투태세반응_{스트레스를 받아 부신이 코티솔이나 아드레날린과 같은 호르몬이 분비되는 현상}이라 불리는 이 현상은 일종의 구명救命 기능을 한다. 도로에서 옆 자동차와 부딪칠 뻔하거나 밤에 이상한 소리를 들을 경우 에피네프린이 갑자기 분비되는 상황이 좋은 예이다.

이러한 공습경보 반응은 외부의 공격을 피하거나 그것에 맞서 싸울 경우 근육이 빠르고 강하게 작동하도록 유도한다. 근육은 산소와 포도당을 원료로 움직이는데, 온몸으로 산소와 포도당을 신속하게 옮기는 것이 급선무다. 따라서 심박률과 혈압이 오르고 소화작용 같은 생리적 기능은 줄어들거나 멈춘다. 이것은 마치 화재경보가 울리는 경우와 같다. 화재경보가 울리면 모두 일을 멈추고 건물 밖으로 대피한다. 물론 실제로 불이 나지 않았으면, 다시 제자리로 돌아가 하던 일을 계속한다. 마찬가지로 우리 몸도 공습경보가 해제되면 부교감 신경계에 의해 모든 것이 정상으로 돌아간다.

그런데 만약 매일 회사에서 화재경보가 울리면 직원들은 어떤 반응을 보일까? 요즘은 세상이 정신 없이 변하고 그에 따른 압박감이 커지는 추세이기 때문에 매일 스트레스를 느끼는 사람들이 많다. 이처럼 스트레스를 너무 자주 받으면, 우리 몸은 원래의 균형을 잃어버리고 만다.

물론 한동안은 많은 스트레스라도 견뎌낼 수 있겠지만, 결국 우리 몸은 백기를 들고 만다. 예를 들면, 혈압이 올라가고 면역 체계 기능이 떨어지고 소화 능력도 약해진다.

지난 몇 년 동안 수천 명에게 스트레스에 대해 강의하면서 나는 혹시 여러분 중에 스트레스로 복통을 느껴보지 않은 사람이 있습니까? 하고 물어봤지만, 지금까지 예라고 답한 사람은 거의 없었다.

늘 공습경보에 시달리는 어느 간부사원은 만성적인 스트레스에 대해 다음과 같이 말했다.

마치 등에 큰 바윗돌을 짊어진 채 깜깜한 터널을 끝없이 걸어가는 것 같은 고통입니다. 하지만 별 도리가 없습니다. 결국 녹초가 될 때까지 걸어야 하니까요.

미국 노동인구 중 절반이 매일 심한 스트레스를 느낀다. 이렇게 사는 것은 별 의미가 없고 이렇게 살 필요도 없다.

● 번아웃(스트레스로 인한 육체적·정신적 피로)

경험자들에 따르면, 스트레스로 인한 번아웃은 정말 지독한 악몽이라고 한다. 어느 회사의 이사는 번아웃을 몇 번 경험했지만 아직도 몸서리를 치며 "정말 미치는 줄 알았습니다. 마치 죽을 것 같더군요" 하고 말할 정도다. 그의 아내가 전화로 내게 알려준 바에 따르면, 그는 어느 날 아침 몸에 경련이 일어나 침대에서 일어나지 못했다. 그는 몇 년 동안 녹초가 되도록 일했고, 경쟁이 치열해질수록 최고가 되기 위해 이를 악물고 뛰었다. 그는 지친 심신을 돌보지 않았다. 단지 시간이 없었기 때문이다.

물론 압박감을 느끼며 일에 파묻혀 있다가 진이 빠져 집으로 돌아오는 일은 흔하다. 하지만 번아웃은 차원이 다른 현상이다. 따라서 단순한 피로와 번아웃은 다르다.

번아웃은, 아예 긴장을 풀지도 쉬지도 못하고, 일종의 시야 협착 증상이 나타난다. 즉 정신적·육체적 능력이 완전히 고갈되어 버리는 현상이다.

번아웃을 겪은 사람들은 어느 날 갑자기 모든 것이 멈춰버린 듯하고, 온 세상이 산산 조각나는 것 같다고 한다.

이때는 몇 주나 몇 달 정도 쉬어야 한다. 아울러 자기 삶의 균형을 전체적으로 다시 점검할 필요가 있다. 다행히 번아웃을 경험한 사람들은 두 번 다시 번아웃을 겪지 않는다. 하지만 한 가지 슬픈 점은 아예 한 번도 번아웃을 겪을 필요 없다는 것이다.

● 균형 회복

흔히 지나치기 쉬운 사실이지만 우리 몸은 스스로 치료하는 신비한 능력이 있다. 어떤 사람이 다리가 부러져도 '아, 이럴 수가! 앞으로 평생 동안 이렇게 살아야 하나?' 하고 걱정하지는 않는다. 자기 몸이 최선을 다해 스스로 치료하는 것을 알기 때문이다. 스트레스에서 벗어나는 경우도 마찬가지다. 일단 공습경보가 해제되면, 균형회복 작업이 시작된다. 몸은 아주 효율적으로 평정을 되찾고, 덕분에 우리는 여유를 갖고 활력을 느낄 수 있는 것이다.

오늘날 우리는 끊임없이 스트레스를 느낀다. 그런데 몸이 극도로 나빠져도 충분한 치료와 휴식을 통해 건강을 회복할 수 있듯이 스트레스도 마찬가지다. 지금까지 나와 함께 일한 많은 직장인이 매일 육체적·정신적 스트레스를 해소하는 기법을 쓰고 있다(물론 그것은 내가 알려준 것이다). 이 책에 나오는 스트레스 해소기법을 쓰면, 여러분도 건강하고 행복한 삶을 맛보게 될 것이다.

스트레스 요인을 찾아내라

스트레스 요인을 찾아내야 하는 이유는 두 가지다.

첫째, 스트레스 요인을 제대로 파악해야 대책을 세울 수 있기 때문이다. 권위적인 상사 밑에서 일하는 어느 유능한 젊은 여성은 내게 이런 말을 했다.

그 사람과 내 관계가 불편한 건 어느 정도 알고 있었습니다. 그런데 그가 휴가를 가고 나면 비로소 그동안 내가 얼마나 시달렸는지 뼈저리게 깨닫게 되더군요

둘째, 스트레스의 진원지가 바로 자신임을 깨달아야 하기 때문이다. 사실 자기 자신의 잘못된 태도 때문에 스트레스를 받는 경우가 많다. 앞서 소개한 여성은 처음에는 실직이 두려워 상사의 고압적인 태도에 단호하게 대처하지 못했다. 하지만 적극적으로 다른 일자리를 찾아 나서고 자신감을 되찾은 덕분에 상사에게 불만을 털어놓고 관계를 개선할 수 있었다.

그런데 스트레스의 진원지가 자신이 아닐 경우가 있다. 이때는 너무 촉박한 마감기한에 문제를 제기하거나 새로운 의사소통 방식을 궁리하거나 정시에 퇴근하거나 신기술을 습득하는 식으로 구체적인 행동을 취함으로써 외부적 스트레스 요인을 제거할 필요가 있다. 직장에서의 스트레스를 줄이는 데 효과적인 전략을 세우고 실전에 응용하라.

한편 외부적인 스트레스 요인 때문에 직장생활이 힘들어도 근본 원인이 직장이 아닌 경우도 있다. 여기서 어느 30대 간부의 예를 들어보자. 그는 행복한 결혼생활을 누리고 일에 무척 만족하는 활기찬 사람이었다. 그런데 갑자기 혈압이 치솟고 편두통까지 생겼다.

직장은 스트레스 요인이 산재한 지뢰밭이다(하지만 직장은

도전, 성취, 사회생활, 생계, 활력의 장이기도 하다). 다음은 직
장생활에서 매일 느끼는 대표적인 스트레스 요인이다.

- 불청객이나 쓸데없는 전화
- 업무마감 기한에 따른 정신적 압박감
- 허술한 내부적 의사소통 체계
- 지원 부족
- 부적절한 경영 방침
- 너무 잦은 회의
- 직장 내의 역학 관계
- 치열한 정보수집 경쟁
- 이메일 확인

그것은 건강하고 야심 많은 그로서는 충격적인 일이었다. 나
는 그와 함께 직장생활을 비롯한 그의 삶 전체를 대상으로 원인
을 찾아보았다. 알고 보니 지난 1년반 동안 아주 많은 일을 겪었
다. 그동안 결혼을 했고, 여섯 달 동안 극동 지역에서 근무하다
귀국해 승진을 했고, 아이가 태어나 아버지가 되었다. 아마 직접
보지 않아도 충분히 짐작할 만한 상황이었다. 간단히 말해 그는
너무 짧은 기간에 너무 많은 변화를 겪은 바람에 건강이 나빠진
것이다. 연구에 따르면, 이혼이나 사랑하는 사람의 죽음 등 너무
급격하고 충격적인 변화가 찾아오면 몇 달 뒤 병에 걸릴 가능성

이 있다고 한다.

스트레스 요인을 조사할 때는 가정생활도 고려해야 한다. 집안이 편안하면 그야말로 마음놓고 쉴 수 있고 사랑이 넘치는 안식처의 역할을 하지만, 집안 분위기가 나쁘면 직장생활에도 나쁜 영향을 미치기 마련이다.

아마 최악의 상황은, 가정생활과 직장생활 모두 고통스러운 경우일 것이다. 이때는 즉시 자기 삶을 재평가해야 한다. 한 걸음 물러서서 차분히 스트레스 요인을 찾아보면, 시야가 넓어져 가정생활과 직장생활을 정상 궤도에 올려놓을 수 있는 길이 보일 것이다.

스트레스 자가 진단은 직장생활과 가정생활의 균형을 맞추는 첫걸음이다. 서두르지 않고 차분히 스트레스 요인을 확인하는 태도가 중요하다.

❶ 조용하고 편안한 곳을 골라 앉는다. 지난 2년 동안 생긴 모든 중요한 일을 종이에 적는다.

❷ 직장, 가족, 배우자, 친척, 자녀, 친구 등 자기 삶에서 중요한 부분을 적는다.

❸ 각 부분에 대해 긴장, 걱정, 슬픔, 분노 등을 일으키는 요인을 적는다. 그런데 이때 자기 검열을 하지 않도록 주의해야 한다. 하나도 빠짐없이 모든 요인을 생각해 적는다.

❹ 여러 항목 중에서 서로 관련 있는 것들이 있는가? 예를 들면 업무시간이 너무 길어 친척과 멀어지는 경우 말이다. 이 경우 두 항목을 선으로 연결한다. 그런 다음 반드시 개선해야 할 항목에 O표를 하고, 가장 먼저 개선해야 할 항목에는 ☆표를 한다.

❺ 이제 스트레스 해소 전략을 수립할 단계다. 여기서 어설픈 일반화는 금물이다. 각 전략은 아주 구체적이고 현실적인 것이어야 한다. 예를 들어 너무 긴 업무 시간이 스트레스 요인일 경우 생각해 볼 수 있는 해결책은 다음과 같다. 첫째, 직장상사에게 사정을 솔직히 털어놓는다. 둘째, 업무를 분담한다. 셋째, 회의 시간을 최소화한다.

2장

내 몸에 싹트는 스트레스

서양문화권에서는 지금까지 항상 정신과 육체를 분리해 사고했다. 그러나 미국의 신경과학자인 캔디스 퍼트를 비롯한 여러 학자가 이미 정신과 육체의 밀접한 관계를 입증했다. 예를 들어 '내일 이사님이 지역별 판매량을 점검하기 위해 나를 호출할 텐데 어쩌면 좋지? 지난달 판매량이 떨어졌다고 호통을 칠 게 뻔한데' 하고 걱정하면, 우리 몸에는 일정한 화학적 반응이 나타난다. 즉, 우리가 무슨 생각을 어떤 식으로 하는가에 따라 몸은 직접 영향을 받는 것이다.

이 장에서는 스트레스가 우리의 사고, 감정, 행동 등에 미치는 영향과 육체적 건강에 미치는 영향을 자세히 살펴보겠다. 우리는 여기서 자기 생각을 관찰·분석하는 방법, 몸을 소중한 자원으로 여기고 적절히 관리하는 방법을 배울 것이다. 사상 유례 없이 기업인수, 합병, 감원 등이 유행하는 오늘날 직장인들은 항상 변화의 바람에 노출되어 있다. 따라서 변화의 위력에 주목하고 변화의 과정을 이해해야 이 고난의 시대를 헤쳐나갈 최선의 방법을 발견할 수 있다.

대부분 사람은 몸은 언제나 긴장되어 있다. 늘 그렇다보니 그것이 오히려 정상으로 보일 지경이다. 언젠가 만성적인 긴장으로 몸이 뻣뻣해져 내게 치료를 받던 어느 여성은 정말 기분이 좋아요. 여태껏 이토록 편안한 적은 없었어요.라고 말했다. 물론 거짓말이 아니었다. 하지만 사실 그녀의 몸은 진정한 편안함을 기억하지 못했다. 덕분에 그 뒤 2년 동안이나 정기적인 치료를 받고 나서 비로소 긴장 해소 능력을 되찾을 수 있었다.

지속적으로 정신적인 스트레스를 받으면 그에 따라 몸도 반응하기 마련이다. 어깨와 목이 뻣뻣해지고, 두통, 요통, 복통, 습진, 불면증 등이 생기기도 한다. 최근 승진한 어느 30세 남성은 만사가 잘 풀리는 기분이 들었다. 하지만 복통이 문제였다.

참 웃기지도 않습니다. 걸핏하면 아랫배가 아프다보니 어딜 가더라도 화장실이 어딘지 확인부터 합니다. 화장실이 없거나 어디에 있는지 모르면 정말 불안합니다

사실 일에 파묻혀 사는 사람들은 흔히 육체적 질병을 단순히 귀찮은 것으로 여기곤 한다. 그들은 밤낮을 가리지 않고 일에 매달리면서 몸이 불편한 것을 대수롭지 않게 생각해 버린다. 이것은 사태의 심각성을 모르는 아주 위험한 태도이다. 하지만 이런 태도를 고집하는 사람들은 결국 병을 키우고 심지어 죽음을 맞기도 한다. 부디 여러분은 그러지 않기를 바란다.

몸은 우리에게 가장 믿을 만한 신호를 보내는 고마운 존재다. 우리는 몸이 전하는 소식에 귀 기울여야 한다. 몸이 보내는 신호를 무시하는 것은 마치 중요한 서류봉투를 받고서 그냥 내버리는 짓과 같다. 앞서 말한 30세 남성은 다행히 문제의 심각성을 깨달아 해결할 수 있었다. 알고보니 최근 새로 맡은 업무를 제대로 파악하지 못한 게 문제였다. 사실 그는 무능한 직원으로 낙인 찍힐까 봐 두려워서 혼자 끙끙대며 일한 나머지 피로가 쌓였고, 결국 가정생활도 충실히 하지 못하게 되었다. 뒤늦게 그는 상사

에게 고민을 털어놓았고, 1주일에 3일은 정각에 퇴근하기로 결심했다. 이것은 자기 몸이 보낸 신호에 귀 기울인 모범사례다.

　　사람마다 압박감 때문에 나타나는 질병의 독특한 패턴이 있다. 이를테면 두통, 소화불량, 요통, 습진, 불면증 같은 증상이 나타날 수 있다. 이 경우 스트레스에 따른 육체적 반응의 패턴을 기록해야 한다. 몸이 보내는 신호를 인식하는 방법을 터득하면, 건강이 나빠지기 전에 스트레스 강도를 조절할 수 있다. 실습 2에서 신체지도를 그리는 연습으로 자기의 몸 상태를 점검하라.

스트레스의 조건

면역	체계면역력 감소, 알러지 및 포진 발생
호흡기계	천식, 부비동(눈, 코, 볼 뒤와 이마 뒤에 있는 빈 공간) 이상, 목구멍 통증, 기관지염, 폐질환
신경계	피로, 오한, 과다 발한, 현기증, 불안감, 편두통, 불면증
소화기계	구강궤양, 위궤양, 울화, 소화불량, 구역질, 설사, 변비, 치질, 헛배부름, 트림, 대장염, 기타 내장질환
심장혈관계	심박급속증, 심계항진, 고혈압, 가슴통증, 심장마비, 현기증, 기절
근골격계	뻣뻣함, 어깨와 목 통증, 요통, 두통
호르몬계	PMT(생리 전의 긴장 증상), 생리불순, 부신호르몬 분비, 성욕 감퇴
피부 및 두발	습진, 두드러기, 건선, 피부염, 탈모증

이 실습의 초점은 사소한 질병에 더욱 주의함으로써 최적의 스트레스 해소전략을 개발하는 데 있다. 따라서 질병의 종류, 발병시기 및 원인 등도 중요하다.

❶ 자기 몸의 모습을 대충 크게 그린다. 이것이 바로 신체지도다.

❷ 조용히 앉아 눈을 감고 몇 분 동안 있는다. 온 정신을 몸에 집중하고 최근 몸 상태를 살핀다. 머리부터 발끝까지 모든 신체 부위의 이상 여부를 점검한다. 눈의 피로, 뻣뻣해진 목, 요통, 복통 등 사소한 증상도 점검하되 그것에 대한 구체적인 판단은 피한다.

❸ 이제 눈을 뜨고, 비교적 자주 아픈 부위를 신체지도에 표시한다. 각 증상의 강도나 빈도 같은 모든 관련 정보는 신체지도 주위에 적는디.

❹ 앞으로 4주 동안 자기 몸을 주의 깊게 살피고 각 증상이 나타나는 때를 기록한다. 요즘 무슨 문제가 있기에 이 같은 증상이 나타날까? 하는 식으로 스트레스와의 관련 여부를 분석한다.

❺ 몸에 나타나는 여러 증상의 의미를 깊이 생각한다. 과연 몸은 질병을 통해 무엇을 경고하려는 것일까? 이제 삶의 방식 중 하나를 바꾸기로 결심한다. 예를 들면 힘든 일과를 마치고 곧장 술집으로 가는 대신에 마사지를 받거나, 제3장의 실습 5를 연습하는 데 10분 정도 투자한다. 절대 작심삼일에 그치지 말아야 한다.

명랑하고 책임감 강하고 성실한 어느 기업 간부는 원만한 성격 덕분에 직장에서 대인관계가 아주 좋은 편이다. 덕분에 사람들의 부탁을 좀처럼 거절하지 못한다. 그런데 평소 그는 압박감을 느끼면서도 묵묵히 일한다. 하지만 가끔 그는 폭발하고 만다. 감당하지 못할 정도로 많은 업무 앞에서 백기를 들고 마는 것이다. 갑자기 터지는 폭탄처럼 그는 서류철을 내동댕이치고 문을 쾅 닫아버린다. 동료들은 평소 사려 깊고 낙천적인 그가 포악한 괴물로 변하는 모습을 보고 깜짝 놀란다. 그런데 한바탕 폭발한 뒤 그는 동료들의 기분을 나쁘게 한 것을 후회한다.

이것이 바로 내가 지킬과 하이드 효과로 부르는 현상이다. 물론 모든 사람들이 이처럼 갑자기 폭발하진 않는다. 대신에 그들은 평소 재미있던 일이 갈수록 짐처럼 느껴지고, 오로지 일에서 벗어나고 싶어한다. 그리고 어느 날 갑자기 아침에 일어나 이런 생각이 드는 것을 경험하게 된다.

세상에! 또 고달픈 하루가 시작되는구나.

치열한 경쟁 속에서 열심히 일하는 어느 유능한 여성이 있었다. 그녀는 스트레스 관리에 전혀 신경 쓰지 않았고 직장생활을 하다보면 으레 감수해야 하는 것으로 여겼다. 그런데 그녀는 일이 점점 싫어지기 시작했다. 평소 그토록 좋아하던 일이 이젠 증오의 대상이 된 것이다. 그 바람에 한밤중에도 잠을 이루지 못하는 일이 많아졌다. 그녀는 이렇게 속마음을 털어놓았다.

모든 것을 혼자 도맡아하려고 했어요. 남이 하는 일은 왠지 마음이 놓이지 않았거든요. 팀원들이 처리한 업무를 일일이 점검하고 수정했어요. 난 늘 내가 아니면 안 된다고 느꼈나봐요

그녀의 팀원들이 얼마나 시달렸을지 쉽게 짐작할 만하다.

내가 여러 경영자들에게 지킬과 하이드 효과를 언급하며 압박감 누적에 따른 영향을 확인할 것을 권하면, 그들은 마치 물 만난 고기처럼 열띤 토론을 벌인다. 그들은 자신의 행동방식이 부정적으로 변했음을 잘 알고 있다. 흔히 우리는, 직장에서 안 좋은 일이 있어도 꾹 참고 있다가 집에 와서 가족에게 화풀이를 한다. 혹은 인스턴트 식품을 과다 섭취하거나 다른 사람들을 멀리하고 대화조차 하지 않으려는 사람들도 있다.

그런데 스트레스를 많이 느낄수록 일에 더 집착하는 사람들도 많다. 그들은 모든 것에 완벽을 추구하려고 한다. 그들에게 적당히라는 말은 통하지 않는다. 계속 일에 매달리다 결국 지치고 긴장으로 몸이 뻣뻣해진다.

압박감을 느끼면 마음껏 울고 싶은 경우도 있다. 일반적으로 스트레스가 쌓인 여성들은 일을 두려워하게 되는데, 그것은 겉으로는 강해 보이고 싶기 때문이다. 그런데 남성들도 마찬가지다. 유능하고 활기차지만 스트레스가 많이 쌓인 어느 남성은 다음과 같이 말한다.

목이 메일 정도로 감정이 복받쳐와도 눈물을 보이는 것은 절대 안 돼라고들 생각합니다. 그때는 사무실에서 나와 마음을 가라앉히는 편이 상책이죠.

이처럼 평소와 다른 증상에 주목해야 한다. 왜냐하면 그것은 몸이 보내는 중요한 신호이기 때문이다. 다시 말해 스트레스 때문에 당신은 완전히 딴 사람이 될 수 있소. 그러니 미리 대비하라는 경고다.

압박감이 누적되면 평소의 시고 방식과 행동 양식이 근본적으로 달라질 수 있다. 다음 세 가지 실습을 통해 각자의 스트레스 패턴을 확인하자. 이것은 실습 2와 마찬가지로 건강을 점검하는 좋은 기회가 될 것이다. 당신에게서 하이드의 모습을 발견할 경우 즉시 자기 행동을 재평가하라.

❶ 연필과 종이를 준비한 후 조용한 곳에 자리를 잡는다. 정신을 집중한 후 몇 분 동안 눈을 감고 천천히 심호흡을 한다. 예전에 스트레스를 받은 경우를 제3자의 눈으로 떠올려본다. 스트레스를 받을 당시 당신은 어떻게 대처했는가? 스트레스 때문에 아예 일에 신경 쓰지 않았던 적은 없는가? 아니면 오히려 더욱 일에 매달렸는가? 일을 그만두고 싶은 적은 없었는가? 그때 주위 사람들에게 어떻게 대했는가? 이처럼 스트레스를 느낄 때 나타난 변화를 자세히 적는다.

❷ 당신이 스트레스 받는 것을 어떻게 눈치채는지 가까운 친구나 동료에게 물어본다. 아울러 어떤 대답이 나와도 전혀 기분 상해하지 않겠다고 다짐한다. 물론 이미 아는 사실을 말하는 사람도 있겠지만, 자기 자신이 미처 알지 못한 점을 말하는 사람도 있을 것이다.

❸ 당신의 하이드 같은 행동 목록을 간단히 적는다. 그 뒤 2주 동안 매일 저녁 그 목록에 해당되는 행동을 했는지 확인한다. 그리고 그것의 원인과 해법을 찾는다. 나의 몸을 스트레스에서 해방시킬 방법 말이다.

다음은 심한 압박감에 시달릴 경우 찾아오는 가장 일반적인 현상 몇 가지다. 나에게 해당되는 것은 무엇인지 살펴보자.

- 동료들에게 짜증을 낸다.
- 직장에서 뺨맞고 집에서 화풀이한다.
- 평소 조용한 성격인데 갑자기 심하게 화를 낸다.
- 완벽주의자가 되려고 한다. 적당히라는 말은 사전에 없다.
- 새로운 도전을 회피한다. 대신에 별로 중요하지 않은 일만 한다.
- 복잡한 업무는 질색이다. 그 대신 한 업무에만 집중하고 싶다.
- 동료들과 멀어진다.
- 자신의 잘못을 지적하는 것에 너무 민감하게 반응한다.
- 모든 일을 자기 혼자 해결하려고 한다.
- 공허감을 느낀다.
- 슬퍼진다.
- 술에 의지한다.
- 인스턴트 식품, 초콜릿, 커피 등을 너무 많이 먹는다.
- 예전과 달리 일에서 벗어나고 싶다.
- 별 목적의식 없이 일에만 매달린다.
- 머릿속은 온갖 고민으로 가득하다.
- 일 걱정 때문에 잠을 못 이룬다.

혹시 여러분은 1년에 한두 번씩 지나치게 과로하는 느낌이 들 때가 있는가? 활력이 떨어지고 서류더미는 쌓이고, 재미는커녕 긴장을 풀 시간도 없을 때가 있는가? 그 뒤 몇 주가 지나도 여전히 같은 상태인가? 설령 그렇더라도 놀랄 일은 아니다. 사실 평소 건강하고 활력이 넘치는 사람들도 일시적으로 이럴 경우가 많다.

이 현상은 대개 중요한 프로젝트가 잘 진행되지 않거나 마감기한이 촉박할 때처럼 심한 스트레스를 받는 경우에서 나타난다. 스트레스 해소법을 잘 알지 못하면 늘 같은 자리에서 헤맨다. 머리는 터질 듯 복잡하고 온몸에 스트레스 호르몬이 넘쳐나 결국 스스로 시한폭탄을 만들어내는 것이다.

몇 주나 몇 달 동안 계속 공습경보 상태에 있으면, 일상생활의 균형이 무너질 수밖에 없다. 불면증이 찾아와 활력이 떨어지고, 피로 때문에 창의성이 무뎌지며, 사고 및 의사결정 능력의 유연성이 떨어진다. 결국 깊은 늪에 빠져 허우적대고 만다.

물론 이것을 좋아할 사람은 없겠지만 잠시 여유를 갖고 상황을 점검한 뒤 스트레스 해소전략을 연구하는 사람은 드물다. 오히려 사정이 좋아지면 잠시 쉬어야지라며 일에 더 매달리는 경우가 많다. 혹은 늘 인스턴트 식품이나 커피를 입에 달고 지낸다.

직장동료들과 사이가 나빠진다. 파김치가 되어 매일 늦게 귀가하여 집에 신경 쓸 여유도 없다. 결국 사는 게 재미없어진다.

어떻게 이런 현상이 일어날까? 여기에는 다 이유가 있다. 대부분의 사람들은 최선을 다하며 살기를 원하는데, 이것은 일단 건전하고 고무적인 사고 방식이다. 하지만 가끔 우리는 오로지 자신만 성공하고 싶어하는 욕심을 부리곤 한다. 물론 우리는 스스로 최선을 다할 수 있다고 믿지만, 사실 어쩔 수 없이 최선을 다한다. 다시 말해 최선을 다하지 않으면 살아남지 못할 것이라 생각하기 때문이다. 그러나 이 같은 사고 방식은 바뀌어야 한다.

사람은 육체적 에너지와 정신적 에너지를 모두 생산한다. 이것은 마치 예금통장과 같다. 일과 건강의 균형이 맞으면 저축을 한 셈이고, 균형이 무너지면 예금을 되찾아야 한다. 스트레스를 받을 때는 조금만 주의 깊게 살펴봐도 에너지 통장의 상태를 적절히 점검할 수 있다. 스트레스를 받거나 갑자기 활력이 떨어질 경우에는 그것을 무시하거나 일을 더 많이 하는 것은 금물이다. 대신에 시한폭탄이 장치되기 전에 적절한 조치를 취해야 한다. 이렇게 해야 소 잃고 외양간 고치는 격을 면할 수 있다. 스트레스 없는 안정적인 삶을 누리려면, 그만한 노력이 필요하다.

지난밤 아주 깊고 편안하게 잠자고 있는데 어느 미치광이가 도끼를 들고 당신의 방에 들어왔다고 가정해 보자. 그 미치광이는 당신에게 스트레스를 줄까? 천만의 말씀이다. 왜냐하면 당신은 깊은 잠에 빠져 있었기 때문이다. 물론 만약 깨어 있었다면 얘기는 달라질 것이다.

정신은 세계와 우리 사이에서 필터 역할을 한다. 앞의 예에서 깨어 있을 경우 뇌는 도끼를 든 침입자라? 이게 무슨 일이지? 하는 식으로 상황을 분석한다. 이처럼 정신은 당신의 세계에서 일어나는 일과 그것의 의미를 해석한다.

이제 정신, 육체, 영혼 관계의 권위자인 디팍 초프라 박사가 제시한 가상상황을 살펴보자. 어느 날 당신은 밀림 속을 걷고 있다. 약간 긴장한 채 밀림의 풍경을 감상하면서 말이다. 그런데 길 모퉁이를 도는 순간 갑자기 거대한 코브라 한 마리가 버티고 있다면 당신은 어떻게 반응하겠는가?

우선 너무 무서워 꼼짝할 수도 없을 것이다. 정신이 위험 신호를 보내고, 몸에서는 에피네프린이 분비되며, 오로지 안전한 곳으로 도망갈 생각만 할 것이다.

하지만 달리 반응하는 경우도 있다. 예를 들어 당신이 뱀 전문가라면 사정은 달라진다. 뱀 전문가인 당신이 거대한 코브라와 마주치면 아마 이런 생각을 할 수도 있다.

'세상에 정말 멋지게 생긴 놈이군! 어서 사진을 잘 찍어둬야겠어.'

그리고 만약 힌두교 신자라면 그 코브라를 시바 신의 등장이라고 여길 것이다. 물론 안전거리를 유지하겠지만, 코브라를 존경의 눈으로 바라볼 것이다. 이처럼 사람들은 대부분 공포에 질려 부정적인 반응을 보이겠지만, 뱀 전문가나 힌두교 신자는 나름대로 긍정적인 반응을 보일 것이다.

결국 밀림 속을 걷다가 코브라와 마주칠 경우 적어도 세 가지 사고 방식이 가능한데, 첫 번째 사고 방식은 아주 고통스럽지만 두 번째와 세 번째 사고 방식은 전혀 그렇지 않다. 그런데 이러한 사고 방식의 원인은 바로 우리 자신에게 있다.

사실 우리가 일하는 직장은 밀림처럼 보일 때가 많다. 매일 우리의 정신은 각 상황을 좋다, 나쁘다, 재미있다, 골치 아프다는 식으로 해석한다.

여기서 직업윤리에 투철하고 직장상사를 깎듯이 모시는 데 익숙한 어느 40대 간부의 예를 들어보자.

어느 금요일 사장이 그를 불러 다음 주 월요일 회의에 참석하라고 지시했다. 그러자 그는 갑자기 걱정에 시달린다.

'요즘 내가 뭘 잘 못했지?'

걱정이 걱정을 낳더니 드디어 그는 최악의 시나리오까지 생각한다.

‘해고되면 이제 뭘 하지?’

악몽 같은 주말이 지나고 드디어 월요일이 밝았다. 그런데 회의에서 사장은 그동안의 노고를 치하하고 그를 이사로 승진시켰다. 훗날 그는 내게 이렇게 말했다.

“아무 일도 아니었는데, 그토록 속을 끓였다니 정말 이해가 안 됩니다.”

사람은 각자 독특한 사고 방식이 있는데, 보통 부정적인 경향을 띠기 쉽다. 따라서 끊임없이 머릿속을 파헤쳐 아픈 기억을 끄집어내는 바람에 늘 공습경보 상태를 초래하는 경우가 많다.

그렇다면 이 같은 악순환에서 어떻게 벗어날 수 있을까? 일단 자신의 사고 방식을 정확히 파악하고, 어떤 식으로 스트레스를 자초하는지 확인할 필요가 있다(실습 **4** 참고). 다음에는 부정적인 사고 방식을 바꿀 차례다. 고통스런 기억은 그냥 잊어버리자. 이미 지난 일이다. 대신에 현재와 미래에 집중하자. 공포에 휩싸일 때마다 잠시 멈춰 심호흡을 하고 그 상황의 긍정적인 면을 찾아보자.

이 상황에서 어떤 교훈을 얻을 수 있을까? 하며 긍정적으로 생각하자. 스트레스를 많이 받는 상황에서도 긍정적인 면에 초점을 맞추면, 침착해지고 자신감이 생기며 부정적인 사고 방식에서 벗어날 수 있다.

이 실습은 자기 사고 방식을 이해하는 데 매우 효과적이다. 우리는 이것을 통해 습관적인 근심, 분노, 좌절 등을 초래하는 여러 종류의 상황을 알 수 있고, 기존의 반응방식에서 벗어나 더욱 건설적인 방향으로 생각하게 될 것이다.

❶ 조용하고 편안한 곳에 앉아 눈을 감고 천천히 심호흡을 한다. 이제 몸 상태부터 살펴본다. 몸 상태가 어떤가? 혹시 긴장을 했더라도 긴장을 풀려고 애쓸 필요는 없다. 단지 최대한 객관적으로 스스로를 점검한다.

❷ 이제 자기 생각에 주목한다. 떠오르는 생각을 가상의 영화 스크린에 투사한다고 상상한다. 각 생각이 스크린에 나타나면, 다음 세 가지로 나눈다.

- 과거(실제로 일어난 일에 대한 생각)
- 현재(지금 일어나는 일에 대한 생각. 어깨 통증, 커피 냄새, 자동차 소리 등의 주로 감각기관을 통한 생각들)
- 미래(아직 일어나지 않은 일에 대한 생각)

❸ 각 생각을 과거, 현재, 미래로 나눈 뒤에는 잊어버린다. 2~3분 동안 이 과정을 반복한다. 그리고 나서 자기 사고 방식을 진지하게 살펴본다. 주로 과거가 많이 생각나는가? 아니면 미래를 많이 생각하는가? 일정한 사고 방식이 있는 것 같은가?

❹ 잠시 이러한 생각을 하는 사람은 대체 어떤 사람일까? 하는 문제를 깊이 생각해 본다. 굳이 답하려고 애쓰지는 말고 그저 편안한 마음으로 생각해 본다. 준비가 된 것 같으면 현실로 다시 돌아온다.

불확실성의 시대인 오늘날 우리는 자신에게 일어나는 일과 그것에 대처하는 방법을 잘 이해할 필요가 있다. 요즘 직장생활은 과거 그 어느 때보다 예측하기가 더욱 힘들다. 합병, 감원, 파산, 인수 등은 이미 흔한 일이다. 이전 세대가 누리던 삶의 확실성과 안정성이 사라지고 혼란의 시대에 접어든 것이다.

그런데 일상생활에서 변화나 불확실성의 충격을 최소화할 안전망은 어느 정도 갖춰져 있는가? 예를 들어 매일 수많은 교통사고가 일어나지만, 자동차는 이미 삶의 일부이기 때문에 우리는 뜻밖의 불행에 대비해 보험을 든다. 그리고 기업도 위험도를 자세하게 분석한다. 우리는 위험하고 예측 불가능한 상황을 대비해 합리적인 안전장치를 마련한다.

기업에는 활력이 넘치고 머리가 비상하고 집중력 있는 진취적인 사람들로 가득하다. 성공 지향적인 사람들은 성공할 가능성이 확실할 때 가장 여유가 넘치는 법이다. 그러나 불확실성의 시대인 오늘날 우리에게는 새로운 수단이 필요하다. 즉 나름대로 불확실성의 시대를 수용하는 능력을 키워야 한다. 일이 엉망이 되면 우리는 그것을 차근히 해결하려고 노력한다. 다시 말해 우리는 불확실성의 의미를 이해하고 해법을 찾으려고 애쓴다. 하지만 가끔 우리가 불확실성에 너무 성급히 접근하면, 오히려 여러 가능성의 싹을 잘라버리는 실수를 범할 수도 있다.

달리 보면 불확실성의 시대는 새로운 아이디어가 만발하는 기회가 될 수도 있다. 여기서 새로운 아이디어는 단순한 논리적 사고에서 생기지 않고, 혼란의 온실에서 전혀 새롭게 피어난다. 따라서 상식을 뛰어넘는 독창적인 아이디어가 꽃피도록 하는 유일한 방법은 혼란의 시대를 기꺼이 이겨내려는 긍정적인 자세다.

그러므로 이 경우 성공의 지름길은 혼란을 기꺼이 인정하고 극복하려는 자세를 계속 유지하는 것이다. 이것은 바로 지금이 혼란의 시대임을 인정하고, 혼란과 함께 지내며, 곧 상황이 나아지리라 믿는 낙관적인 태도와 통한다.

불확실성의 시대에 확실한 점 하나는 바로 삶이 언제나 변한다는 사실이다. 아무리 치밀한 계획을 세워도 뜻밖의 일이 생기기 마련이다. 살아가면서 여러 가지 변화를 맞이할 때마다 우리는 비슷한 정서적 과정을 겪는데, 나는 이것을 변화여

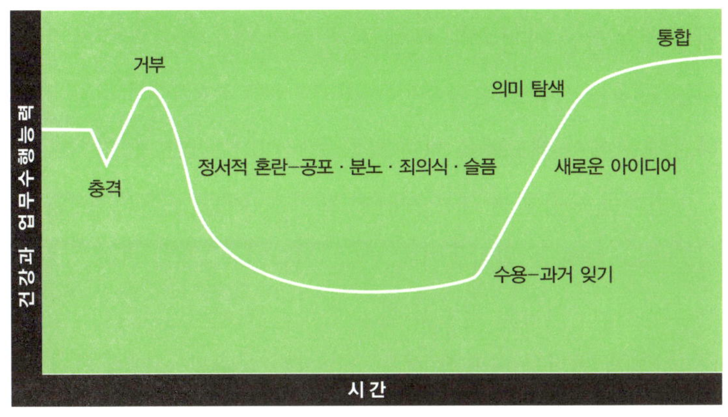

행이라 부른다. 변화여행 지도를 잘 이해하면, 안전한 항해를 할 수 있고 더욱 유능한 리더가 될 수 있다.

변화여행의 첫 단계는 충격이다.

충격을 받은 사람은 그것을 받아들이지 못하거나 아예 말문이 막힐 수 있다. 충격을 받으면 인간의 뇌는 정보를 소화하지 못한다. 그러므로 만약 갑자기 충격적인 소식을 듣거나 큰 변화를 맞이한 경우에는 일단 여유를 가져야 한다. 예를 들어 새로운 부서의 책임자로 발령 받을 경우 그것을 화제로 사장과 면담하는 것도 좋은 방법이다.

변화여행의 두 번째 단계는 거부다.

우리는 현상유지를 바라는 성향이 있기 때문에, 어떤 변화가 일어나면 정서적 혼란을 겪기 쉽다. 화를 내거나 슬퍼하거나 부끄러워하거나 죄의식을 느낄 수도 있다. 이 같은 정서적 혼란은 거의 본능적인 과정이다. 이때 가장 효과적인 해법은 자신이 느끼는 감정을 그대로 표출하는 것이다. 예를 들면, 달리기를 하거나 체육관에서 샌드백을 치며 화를 풀어버리는 것도 좋다.

변화를 수용하는 데는 시간이 걸린다. 마음이 가라앉으면 과거를 잊고 변화를 받아들여야 한다. 시간이 지나면, 변화의 의미와 그에 따른 이익을 깨닫고 결국 변화를 완전히 받아들일 수 있다. 이렇게 변화를 수용할 경우 긍정적인 결과가 나타날 때가 많은데, 흔히 이전보다 더욱 현명해지고 진취적으로 변하곤 한다.

뜻밖의 변화가 찾아올 경우 육체와 정신의 반응 과정을 이해한 뒤 배울 것은 변화에 대처하는 방법이다. 어느 날 사무실에 도착해 보니 업무가 완전히 달라져 있고, 기존의 업무 방식조차 생각나지 않는다고 상상해 보자. 얼마나 끔찍하겠는가? 경영자의 경우는 더욱 그렇다. 사실 경영자들은 모든 것을 책임지고 아주 치밀한 사업전략을 갖고 있어야 하는 존재다.

꽤 성공한 사업가도 가끔씩 뜻밖의 기습을 당할 때가 있다. 이것은 작은 회사에서 특히 자주 일어나는 일인데, 소규모 기업의 경우 점차 성장하면서 담당, 책임, 절차, 전망 등이 서서히 바뀌다가 어느 날 갑작스런 변화가 찾아오기 쉽다. 물론 새로운 과정이 별 무리 없이 정착되거나 공식적인 구조 개편이 이루어지는 경우도 있다. 어느 경우든 간에 변화여행에 몸을 맡기고 상황을 주시하는 것이 좋다. 여기서 가장 중요한 점은 부정적인 생각을 버리고 자신감을 갖는 것이다.

뜻밖의 변화가 단순히 회사의 성장에 따른 필연적인 현상이라면, 변화가 언제 어디서 찾아올지 알아내려고 애쓸 필요가 없다. 오히려 현재 자기 위치와 앞으로의 목표에 대해 생각하는 편이 낫다.

우선 동료들을 살펴보자. 누가 어떤 업무를 맡고 있는가? 모든 업무가 뚜렷이 구분되어 있는가? 일반적으로 뜻밖의 변화가 찾아오면, 각자 맡은 업무량이 늘어나고 업무 성격도 변한다. 그럼에도 애초의 책임소재는 그대로다. 어떤 면에서 보면, 이것은 고무적인 현상이지만(예를 들면 생산성이 향상된다), 가장 고참 직원이 중요도가 낮은 업무를 맡은 경우도 있다.

자, 이제는 회사의 시스템을 살펴보자. 예전과 마찬가지로 효율적인가? 의사소통은 원활한가? 동료들의 반응에 주목하자. 그들이 느끼는 문제점은 무엇인가? 당신이 회사의 발전 속도를 따라가려면 어떻게 해야 할까? 나름대로의 계획을 세우고 동료들에게 도움을 구하자. 상황을 정확히 이해하고 거기에 잘 적응해야 자신감과 여유를 가질 수 있다.

3장

스트레스를 풀기 위한 한 걸음 두 걸음

● 내부 비판자에 역습을 가하라 ● 편안하게 호흡하라 ● 건강 관리는 두말하면 잔소리 ● 접촉이 놀라운 힘 ● 시이요법이 중요선 ● 숙면이 중요성 ● 영양 섭취의 중요 ● 주변 정리 ● 자신을 돌볼 시간 갖기 ● 긍정적으로 생각하기 ● 전진, 전진, 전진

1장과 2장에서는 직장생활이 우리의 육체와 정신에 미치는 영향에 대해 살펴보았다. 지금까지 미처 깨닫지 못했던 자신과 직장 사이의 상호 연관에 눈뜨면, 스트레스를 줄이는 구체적인 방법을 이용할 수 있다.

이 장에는 긍정적인 사고 방법, 호흡조절 방법, 적절한 운동 종류 선택방법, 접촉 요법의 효과, 건강식단, 숙면의 중요성 등을 살펴보기로 하겠다. 그리고 삶의 균형 회복방법, 작업 환경 개선

방법, 의욕회복방법, 변화에 알맞은 분위기 조성방법 등도 살펴
볼 것이다. 앞으로 소개할 여러 방법은 직장인들에 의해 효과가
입증된 것이어서 분명 효과적인 삶의 전략을 수립하는 데 도움이
되리라 믿는다.

우리 내면에는 늘 자신에게 인품, 직장생활, 생활태도 등
에 조언해 주는 내부 비판자가 있다. 그런데 참으로 이상
한 점은 내부 비판자가 긍정적인 조언을 하는 경우가 거의 없다
는 사실이다.

우리는 부모와 교사의 훈계, 격려, 칭찬 등을 받으면서 자란
다. 부모와 교사의 여러 가지 조언을 통해 우리는 세상살이가 어
떤 것인지 그리고 어떻게 살아야 하는지 배운다.

이것은 자연스러운 과정이고, 대부분의 경우 긍정적인 효과
가 있다. 그렇지만 이 같은 유익한 조언 외에도 부정적이고 전혀
도움이 되지 않는 내부 목소리가 우리를 괴롭히는 경우가 아주
많다. 여러 경영자를 살펴본 결과 나는 그처럼 활력이 넘치고 집
중력이 강한 사람들이 너무나 신랄하고 부정적인 내부 비판자에

게 시달리는 사실을 발견했다. 예를 들면 이런 소리들이다.

성공하지 못하면 쓸모없는 인간이야.

네가 실수를 저지르면 아무도 널 용서하지 않을 거야.

이러한 내부 비판자는, 아무리 큰 성공을 거두어도 의식 언저리에서 은근히 우리를 괴롭힌다. 그 바람에 우리는 자신감과 자존심을 잃어버린다. 따라서 그림자처럼 따라다니는 내부 비판자를 집중적으로 공격할 필요가 있다. 내부 비판자 때문에 얼마나 쓸데없는 고민에 빠지거나 괴로워하는지 생각해 본 뒤 내부 비판자의 목소리를 적어보자. 예를 들면 내부 비판자는 이렇게 속삭일 수 있다.

'너는 발표를 잘했다고 생각할지 모르지만, 그건 착각일 뿐이야. 사람들이 무슨 바보인 줄 알아?'

이제 내부 비판자 대신에 긍정적인 목소리의 주인공인 내부 코치의 목소리에 귀를 기울이자. 내부 비판자의 목소리에 익숙한 사람들은 내부 코치의 긍정적인 말투에 적응하기 힘들 수 있다. 이 경우에는 절친하고 믿을 만한 친구에게 말하는 방식을 생각해 내면 된다. 아마 당신은 친구에게 솔직하고 사랑이 담긴 격려와 조언을 아끼지 않고 늘 친구의 편에 설 것이다.

따라서 내부 비판자가 당신의 자존심을 갉아먹기 시작하면, 내부 코치는 이렇게 말한다.

"쓸데없는 소리! 발표는 정말 잘했어. 자료준비도 철저했고, 여유 있는 표정으로 무난하게 말했지. 사람들이 얼마나 집중했는지 알아? 그러니까 그토록 핵심을 찌르는 질문을 했겠지. 아주 훌륭한 발표였어. 자부심을 가지란 말야!"

내부 코치는 우리가 자기 자신의 발전 가능성을 인정하도록 격려한다. 예를 들면 '모든 사람과 눈을 마주치며 당당하게 발표를 하면 다음에는 훨씬 더 잘할 수 있어!' 라는 식으로 말이다.

내부 코치의 긍정적인 목소리를 개발하는 연습을 꾸준히 하면, 분명 내부 비판자의 부정적인 목소리가 서서히 사라질 것이다.

우선 지금 당신이 어떤 식으로 호흡하는지 살펴보자. 아마 거의 느낄 수 없을 정도로 가볍게 가슴으로 공기를 빨아들이고 내뱉을 것이다. 대부분 이런 식으로 호흡한다. 물론 이렇게 호흡해도 생명을 유지하는 데 아무 문제없지만, 최선의 호흡법은 아니다. 사실 호흡은 육체에 영양을 공급하고 몸에 나쁜 가스를 배출해 신진대사를 원활히 한다. 따라서 만약 지금처럼 무심코 호흡하면, 육체와 정신은 적절한 호흡법을 사용할 때보다 활력과 기능이 떨어진다.

흔히 사람들은 호흡에 대해 그다지 신경 쓰지 않는다. 그런데 음식을 몇 주일 동안 먹지 않거나 물을 며칠 동안 먹지 않아도 살 수 있지만, 단 몇 분 간만 숨쉬지 않으면 우리는 살 수 없다. 사실 호흡은 생명을 유지하는 역할을 할 뿐 아니라 육체와 정신의 스트레스를 해소하는 최고의 방법 중 하나다. 압박감을 느낄 경우 그저 잠시 심호흡을 하는 것만으로도 효과가 있다.

자, 이제 의식적으로 심호흡을 하고, 늑골과 어깨가 어떻게 움직이는지 살펴보자. 내가 사람들에게 심호흡을 하도록 권하면, 대부분 공기를 한껏 들이마시기 때문에 늑골과 가슴이 어깨 위치까지 올라가는 경우가 있는데, 이것은 전형적인 흉식호흡이다.

미식축구 코치인 내 친구는 20대 중반이 되고 나서 비로소 적절한 호흡법을 알았다고 한다. 그는 프로미식 축구선수로 몇 년 동안 활약하면서도 제대로 숨쉬는 방법을 몰랐던 것이다. 그는 그때까지 언제나 흉식호흡을 했기 때문에 복식호흡을 익히기 어려웠다. 하지만 호흡법을 바꾼 뒤로 체력과 운동 능력이 향상되었다.

지금부터 잠시 새로운 복식호흡법을 익혀보자. 앉든지 서든지 눕든지 어떤 자세든 상관없다. 양손을 배에 가볍게 대고, 위와 횡경막의 긴장을 풀고, 천천히 숨을 깊이 들이마신다. 이때 가슴은 잊어버리는 것이 중요하다. 숨을 들이쉬면서 마치 뱃속에 있는 풍선에 바람을 넣는다는 상상을 한다. 이때 아마 양손이 조금씩 배 바깥쪽으로 움직이는 것을 느낄 것이다. 이제 숨을 완전히 내쉴 차례다. 이때는 양손이 배 안쪽으로 움직일 것이다. 이렇게 몇 번 정신을 집중하고 심호흡을 하면 어느 순간부터 저절로 복식호흡을 하게 되고 긴장이 풀리는 느낌이 든다.

흉식호흡을 하는 사람들은 복식호흡을 통해 긴장을 풀 필요가 있다. 어려운 일이 아니니 꼭 도전해 보기 바란다.

호흡을 통한 명상은 스트레스 해소에 특효약이라 할 만하다. 지금까지 명상을 해본 적이 없거나 자신에게 맞지 않는 것으로 여기더라도 생각을 바꿔보기 바란다. 명상은 특별한 사람들의 전유물이 아니라 누구나 할 수 있는 것이다. 세계의 여러 문화권을 보더라도 명상은 단지 개인의 정신단련 방법일 뿐이다. 하지만 서양문화권의 직장인들에게 명상은 일상생활에서 평온함을 유지하고 집중력을 키우는 필수적인 수단이다.

간단히 말해 명상은 조용히 앉아 호흡, 촛불, 그림, 기도 등 단 하나에 모든 정신을 집중하는 것이다. 10분 동안 호흡에 집중하는 것은 쉬운 일처럼 생각될지 모르지만, 여기에는 고도의 집중력이 필요하다. 호흡에 모든 정신을 집중해도 정신이 흐트러지고, 잠시 정신집중이 되다가도 잡생각이 나곤 한다. 하지만 정신이 산만해지더라도 다시 호흡에 집중해야 한다. 처음에는 이런 과정을 여러 번 되풀이해야겠지만, 연습을 자주 하면 곧 익숙해진다.

명상이 우리 몸에 미치는 생리적 효과는 심박률과 혈압의 감소로 요약할 수 있다. 정상적인 경우 뇌파는 빠른 베타리듬1초당 13~30 주기을 타고 뇌는 좌반구의 활동 상태에 있는 반면, 음악을 듣거나 공원에서 산책을 하거나 명상을 하면 뇌파는 알파리듬1초당 7~13 주기을 타고 뇌는 우반구의 존재 상태로 돌아간다. 따라서 매일 꾸준히 명상을 하면 고혈압에 큰 효과가 있다.

다음에 설명하는 간단한 명상은 육체와 정신이 받은 스트레스를 해소하는 효과적인 방법이다. 다음 과정을 매일 몇 분 동안 꾸준히 연습하면 곧 익숙해진다. 모쪼록 이것을 통해 긴장을 해소하고 재충전하는 소중한 시간을 갖기 바란다.

❶ 아무런 방해도 받지 않는 조용한 곳을 고른다. 책상다리를 하고 바닥에 앉은 채 양손을 무릎에 올려놓은 뒤 긴장을 풀고 등을 쫙 편다. 척추가 마치 벽에 걸린 목걸이에 달린 구슬이 된 것처럼 상상한다. 눈을 감거나 아주 조금 뜬 상태에서 자기 내면에 집중한다.

❷ 몇 번 심호흡을 해서 마음을 가라앉힌다. 반드시 배로 숨을 들이마시고 내쉬어야 한다.

❸ 몸 이곳저곳의 상태를 느껴본다. 그저 어느 부분이 뻣뻣한지, 불편한지, 아니면 편안한지 살핀다.

❹ 이제 호흡에 집중한다. 호흡할 때 나타나는 모든 느낌에 주목한다. 들숨과 날숨의 온도는 얼마나 차이가 나는지 그리고 호흡할 때마다 흉곽과 늑골이 어떻게 팽창과 수축을 반복하는지 자세히 살핀다. 도중에 다른 생각이 들더라도 애써 피하지 말고 자연스럽게 다시 호흡에 집중한다.

❺ 10분 정도가 지나거나 명상을 끝내도 괜찮을 것 같으면 마무리한다.

대부분의 직장인은 하루 중 많은 시간을 앉아서 보낸다. 책상이나 컴퓨터 앞에서 일하거나, 회의에 참석하거나, 피곤한 하루 일과를 마치고 텔레비전을 볼 때도 앉아 있다. 사실 우리의 정신활동은 무척 활발하지만, 육체활동은 그렇지 못한 경우가 많다. 때문에 건강에 이상신호가 나타난다.

사실 육체적 기능이 나빠지면 정신적 기능도 떨어지는데, 육체적 기능은 우리가 모르는 사이에 나빠지곤 한다. 그리고 정신적 기능 저하도 항상 알아차릴 수는 없다. 육체와 정신 사이의 역동적인 관계를 다시 한 번 상기하자. 잠재력을 최대한 발휘하려면, 육체적 건강을 유지하는 데 투자할 필요가 있다.

체력 관리에 무척 신경 쓰는 사람들은 흔히 1주일에 세 번 정도 체육관에서 정해진 프로그램에 따라 운동한 뒤 만족감을 느끼지만, 이렇게 해봐야 달라지는 것은 별로 없다. 물론 운동을 전혀 하지 않는 것보다는 낫지만 한계가 있다. 인체는 다양한 상황에서 다양한 유형의 운동이 필요하기 때문에, 문제는 자기 육체에 알맞은 운동을 선택하는 것이다.

대다수의 사람은 주로 심장혈관계 운동이나 유산소 운동을 한다. 여기에는 충분한 이유가 있다. 흔히 운동선수의 체력은 운동 후의 회복시간을 기준으로 평가되기 때문이다. 격렬한 운동을 한 뒤 선수의 심박률이 얼마나 빨리 정상으로 돌아오는지 측정하면 그 선수의 체력을 판가름할 수 있는 것이다. 매일 스트레스에 시달리는 직장인도 육체가 건강하면 그만큼 영향을 덜 받는다. 예를 들어 발표를 하거나 업무평가를 받을 때 심박률이 높아져도 심장 상태가 좋으면 더 빨리 정상으로 회복될 수 있다.

하루 종일 모든 일이 꼬여 짜증이 치밀어오른 나머지 아무나 붙잡고 한방 때리고 싶을 때를 상상해 보자. 이때 스트레스를 날려버리는 효과적인 방법으로는 샌드백 치기, 스쿼시, 달리기 등이 있는데, 각자 취향에 맞는 적당한 운동으로 스트레스를 해소하면 기분이 훨씬 좋아진다.

또 다른 날을 상상해 보자. 이를테면 중요한 마감기한이 코앞에 닥치거나, 팀원 중에서 한 사람이 아파서 결근하거나, 월간 목표치를 달성하지 못한 경우가 있을 것이다. 이 경우에 몸의 긴장을 풀고 약한 호흡을 보강하는 운동이 필요한데, 요가, 필라테스요가와 스트레칭이 복합된 운동, 태극권 등이 적당하다. 그리고 이 같은 몸의 유연성을 키우는 운동을 하면, 자세도 좋아지고 부상 방지에도 유익하다. 이처럼 육체와 정신은 밀접하게 연결되어 있기 때문에 육체적 긴장을 풀어주면 정신적 긴장을 줄이는 효과가 나타나는 것이다.

자주 근심 걱정에 시달리는 사람은 체력을 키워주는 운동도 좋다. 다시 한 번 강조하지만 육체와 정신은 밀접하게 연관되어 있다. 따라서 육체가 아주 강하고 유연하면, 아주 오랫동안 근심 걱정에 시달리는 일은 없다고 해도 지나치지 않다.

　이따금씩 새로운 운동을 시도해 보고, 훌륭한 트레이너나 강사의 도움을 받는 것이 좋다. 자기 몸의 목소리에 귀 기울이면 어떤 운동이 적당할지 알 수 있다.

유형	현상	대처방법	심혈관계운동
고민형	근심 걱정 긴장	긴장 해소 심호흡 사고의 유연성 자아성찰 사회체육활동	● ■ ◆
미루기형	근심 걱정 의욕 산실	긴장 해소 신호흡 활력보강 경쟁심 유발	● ■ ◆
큰소리형	권위적 태도 무례함 트집	긴장 해소 심호흡 마음 안정	● ■ ▼
일벌레형	자신감 상실	긴장 해소 심호흡 활력 재미	● ▼ ◆

● 요가, 태극권, 걷기, 단체경기, 수영　　■ 달리기, 자전거 타기, 유산소 운동
▼ 킥복싱, 권투연습, 스쿼시, 테니스　　◆ 단체경기(예: 하키, 야구, 축구)

우리 몸은 심장혈관기능 향상, 활력과 근력 증가, 근심 걱정 해소, 유연성 증가, 상쾌한 기분 유지 등의 다섯 가지 기능을 충족시킬 수 있는 여러 가지 운동이 필요하다.

❶ 펜, 일기장, 종이 몇 장을 갖고 편안하게 앉는다. 지난달의 일기장을 보면서 정확히 무슨 운동을 했는지 그리고 앞에서 언급한 다섯 가지 기능 중 어느 것을 충족시켰는지 적는다.

❷ 이제 눈을 감고 지난달을 자세히 돌이켜본다. 여러 상황에서 느낀 기분이 기억나는가? 기분이 좋을 때는 언제였는가? 실망하거나 걱정하거나 피곤한 경우는 언제였는가? 필요해 보였지만 실제로 하지 못한 운동은 무엇인가? 여기에 대한 답을 간단히 적어둔다.

❸ 지금까지 적은 것을 분석한다. 현재 운동 상태의 문제점은 무엇인가? 어떻게 하면 앞의 다섯 가지 기능을 모두 충족시킬 수 있을까?

❹ 앞으로 6주 동안 매주 최소한 3일은 운동에 투자하기로 계획한다. 아무리 더 재미있고 중요한 일이 있어도 반드시 계획을 실천하려고 마음먹는다. 지금 세운 운동 계획이 바로 당신의 업무 능률을 최대화하는 무기임을 명심하자.

❺ 지금부터 6주 뒤에는 어떻게 될지 상상해 본다. 아마 머리가 맑아지고 더욱 적극적으로 변해 있을 것이다. 물론 지금보다 훨씬 건강해질 것이다.

사람은 선천적으로 접촉이 필요한 존재다. 새로 태어난 아기들은 스킨십과 어른들의 따뜻한 품이 필요하다. 사실 접촉은 아기들의 필수 영양소라 할 수 있다. 마이애미 대학교의 접촉연구소의 연구결과에 따르면, 미숙아들을 하루 3회씩 15분 동안 쓰다듬어주자 몸무게가 47% 늘었고, 다른 미숙아들보다 평균 6일 먼저 퇴원했다고 한다.

그렇다면 성인의 경우는 어떨까? 간단히 말해 접촉은 성인의 건강에도 무척 효과적이다. 하지만 안타깝게도 오늘날은 접촉의 기회가 그리 흔치 않다. 다른 사람과의 육체적 접촉은, 그것이 연인 사이의 포옹이건 긴장을 풀기 위한 마사지건 간에, 아주 편안한 느낌을 줄 수 있다.

마이애미 대학교 접촉 연구소는 접촉이 우리의 생리적 · 심리적 상태에 미치는 긍정적인 효과를 입증했는데, 단 15분 동안 어깨와 등에 마사지를 받은 사무직 노동자들은 정신이 맑아지고 혈액 속의 스트레스 호르몬 수치가 떨어졌다고 한다.

한편 하버드 의대는 수술을 앞둔 환자들을 대상으로 접촉의 효과를 조사했다. 무척 두려운 수술이 있는 날 아침 마취의사가 대조군 환자들을 찾아와 혈압을 재고 수술에 대해 간단한 대화를 나눴다. 반면 실험군 환자들을 찾아온 마취의사는 그들의 혈압을

잰 뒤 대조군 환자들과 나눈 같은 대화를 했지만, 환자들의 침대에 앉아 손을 잡고 대화를 나눴다. 그런데 결과는 다르게 나왔다. 평균적으로 볼 때 마취의사와 손을 잡고 대화한 실험군 환자들은 대조군 환자들보다 3일 먼저 퇴원했고 약 복용량도 절반에 불과했다. 이밖에도 접촉이 긴장 해소와 건강 증진에 놀라운 효과가 있는 사실을 입증하는 연구 결과가 많다.

물론 성인의 경우 접촉은 사회적 금기사항이나 성적인 요소 때문에 좀 복잡한 면이 있다. 이 때문에 직장에서는 조심스럽게 접근할 필요가 있는데, 예를 들어 피곤해 보이는 동료를 위해 잠시 어깨라도 주물러주려면 우선 그것이 적절한 행동으로 비춰질지 판단해야 한다.

긴장이 건강의 적이고 접촉이 긴장 해소의 특효약이라면, 육체적 접촉의 기회가 적은 상황에서는 어떻게 해야 할까? 우선 접촉 요법 전문가의 도움을 받는 방법이 있다. 접촉 요법으로는 마사지, 지압, 반사학_{신체 에너지 흐름을 개선하기 위해 손이나 발의 특정 반사점을 손가락으로 지압하는 고대 동양의 풍습} 등 다양한 것이 있는데, 육체적 긴장을 풀어 에너지의 흐름을 원활히 하는 것이 공통점이다.

어떤 접촉 요법을 선택하든 간에 자격증이 있고 믿을 만한 접촉 요법 전문가를 만나는 것이 중요하다. 일류 접촉 요법 전문가라면 정말 편안하게 해줄 것이고, 혈액 속의 스트레스 호르몬 수치는 떨어질 것이고, 몸은 자연치료 과정을 통해 건강한 균형 상태를 회복할 것이다. 물론 혼자 마사지하는 방법도 매우 효과적이다(실습 **7** 참고).

　접촉 요법은 적어도 한 달에 한 번씩 필요하고, 스트레스가 심할 때는 매주 접촉 요법을 이용하는 것이 좋다. '일단 일을 마무리짓고 나서 마사지를 받아야겠어' 라는 식의 생각은 곤란하다. 이것은 마치 기온이 영하로 떨어진 뒤 자동차에 부동액을 넣는 것과 같다. 그리고 어떤 접촉 요법이 자신에게 잘 맞지 않는 듯하면 다른 접촉 요법을 쓰면 된다. 일단 여섯 달 동안 규칙적으로 적절한 접촉 요법을 사용해 보면, 아마 접촉 요법의 효과를 확실히 느낄 수 있을 것이다.

압박감을 많이 느끼면 어깨, 목, 얼굴 등이 경직되는 경우가 많다. 다음의 간단한 자가치료법을 이용하면 초기 두통, 긴장, 피로 등을 물리칠 수 있다.

❶ 의자에 등을 대고 편안히 앉는다. 오른손을 왼쪽 어깨 위쪽에 갖다댄다. 이때 손바닥은 어깨 앞쪽을, 손가락은 어깨 뒤쪽을 향해야 한다. 왼쪽 어깨 근육을 꽉 쥐었다 놓는다. 경직된 부분을 찾아 손가락 끝으로 세게 눌러 풀어준다. 같은 순서에 따라 왼손으로 오른쪽 어깨 근육을 풀어준다.

❷ 목 뒤편에 있는 척추의 양쪽 부분을 손가락 끝으로 두개골 맨 밑 부분까지 문지른다. 이때 머리를 뒤로 약간 젖히면 더 편하다.

❸ 이제 턱의 긴장을 풀어줄 차례다. 입을 꽉 다물어 턱 근육의 위치를 파악한다. 그런 다음 입에 힘을 살짝 빼고 손가락 끝으로 턱 근육을 누른다.

❹ 양쪽 눈썹 바로 밑 부분을 엄지손가락으로 약 10초 동안 누른다. 엄지손가락을 뗐다가 다시 10초 동안 누른다. 그런 뒤 엄지손가락과 집게손가락으로 양쪽 눈썹의 가운데 부분에서부터 관자놀이까지 차례로 문지른다.

❺ 이제 가운데 손가락으로 양쪽 눈구멍의 바깥쪽 끝 부분(관자놀이 바로 밑 부분)을 잡는다. 여기를 2분 동안 천천히 마사지한다. 마지막으로 천천히 심호흡을 하면서 끝낸다.

자동차 연료의 질과 종류가 엔진의 성능과 수명에 영향을 미치듯이 우리가 먹는 음식의 질과 종류도 건강과 수명에 영향을 준다.

영양 상태가 좋지 않으면 정신적 기능도 떨어진다. 그리고 아무리 많이 먹어도 잘못된 식사를 하면 영양 상태가 나쁠 수 있다. 이와 관련한 증상으로는 사고기능 저하, 만성피로, 우울증, 정자의 활동성 약화에 따른 질병, 콜레스테롤 수치 상승 등을 들 수 있다. 사실 많은 질병은 과식이나 영양 불균형 때문에 생긴다.

식습관은 우리 건강에 영향을 미치는 여러 요소 중 특히 중요하다. 그렇다면 건강을 위한 최선의 식습관은 무엇일까? 우선 식사시간을 생각해 보자. 여기에 딱 맞는 격언이 있다.

'아침은 왕처럼, 점심은 왕자처럼, 저녁은 거지처럼'

아침과 점심은 반드시 먹어야 한다는 뜻이다. 저녁에는 가볍게 먹는 게 좋은데, 잠들기 전에 충분히 소화하는 것이 바람직하기 때문이다. 다음으로 식사방법을 살펴보자. 화가 나거나 정신이 산만한 상태에서 급하게 먹지 말아야 한다. 음식에 최대한 집중해야 몸이 영양을 섭취할 준비를 할 수 있다. 즐거운 마음으로 음식을 먹는 것도 중요하다. 식사를 즐기자.

이제는 무엇을 먹을지 생각해 보자. 소금, 설탕, 지방 등이 많이 들어 있는 가공식품을 멀리하고, 한때 유행하는 음식이나 식이요법에 현혹되지 말자. 2차 세계대전 중 독일군에 점령된 서유럽의 여러 나라에서는 심장발작으로 인한 사망자 수가 줄어들었는데, 이것은 버터, 치즈, 육류 같은 포화지방이 많은 음식이 귀해진 때문이라고 한다. 전쟁이 끝나 버터나 치즈를 구하기가 쉬워지자 심장발작으로 인한 사망자 수는 다시 늘어났다.

우리 몸은 땅에서 자라는 신선한 농산물과 약간의 단백질만 섭취해도 별 탈 없이 성장한다. 여러 가지 과일, 채소, 곡물 등을 먹으면, 필요한 영양소를 충분히 섭취할 수 있다. 물론 약간의 자연산 육류와 신선한 생선도 필요하다.

수분을 공급하라

머리가 아프고 두뇌회전이 느려지고 활력이 떨어지는 증상은 몸에 수분이 부족한 증거일 수 있다. 입술이 바짝 마르는 증상도 마찬가지다. 이때는 책상에 물을 떠놓고 하루에 8잔 정도 마시면 좋다.
신선한 과일을 매일 먹는 것도 좋은 방법이다. 과일에는 수분이 많기 때문이다. 책상에 신선한 과일을 두고 꾸준히 먹어보자.

미국수면학회에 따르면, 미국인 중 매일 1억 명 이상이 숙면을 취하지 못한다고 한다. 우리 두뇌의 사고 담당 부분인 대뇌피질이 하루 피로를 풀려면 잠을 자야 한다. 대뇌피질은 집중력, 말, 기억, 유연하고 독특한 사고 등을 담당한다. 영국의 러프보로 수면연구센터에 따르면, 수면 부족은 사고 능력과 의사소통 능력을 눈에 띄게 떨어뜨린다고 한다. 또한 잠이 부족하면 주의가 산만해지고 합리적인 판단을 하기 어렵고, 상황 변화에 따라 전략을 바꾸는 능력도 떨어진다고 한다. 결국 업무 능력을 높이려면 잠을 잘 자야 한다는 말이다.

그런데 수면 부족으로 피곤에 지친 사람이 중요한 의사 결정을 하는 위험한 경우가 있다. 이것은 의사나 군인의 경우를 생각해 보면 쉽게 알 수 있는데, 특히 장거리 운전이 직업인 사람에게 수면 부족은 치명적이다.

사람은 하루 24시간 동안 두 번 잠자는 것이 자연스럽다. 밤에 푹 자고 점심 식사 후 잠깐 낮잠을 자는 게 가장 일반적이다. 사실 여러 나라에서 시에스타 같은 낮잠은 하루 일과의 필수요소로 자리잡았다. 아마 점심을 먹은 뒤 따분한 회의를 하면서 쏟아지는 졸음을 쫓느라 고생한 적이 있을 것이다. 하지만 점심을 먹은 뒤 10분 정도 꿀맛 같은 낮잠을 자면 그럴 필요가 없다. 만약 낮잠을 자는 스타일이 아니면, 점심시간에 산책을 하면서 신선한 공기를 마시거나, 일하면서 물을 많이 마시는 방법도 좋다.

잠을 푹 자려면 우선 저녁시간을 잘 보내야 한다. 다음을 실천하면, 숙면을 위한 새로운 습관을 갖는 데 도움이 될 것이다. 첫째, 되도록 집에서 회사일을 하지 않도록 한다. 그런데 만일 피치 못할 경우라면, 적절한 시간 안에 끝내야 한다. 절대로 잠자기 직전까지 일하는 경우는 없어야 한다. 저녁에는 카페인이 있는 음료는 멀리하고 잠자기 2, 3시간 전에는 술을 먹지 말아야 한다. 잠자기 1시간 전에는 다른 데 신경 쓸 것 없이 긴장을 푸는 습관을 들이고, 가능하면 명상을 하는 것도 좋다(실습 **5** 참고). 그리고 피곤해지기 전까지는 잠자리에 들지 않도록 해야 한다. 만약 잠이 잘 오지 않으면, 찬물로 발과 다리를 적시고 다시 말린 뒤 잠자리에 들면 좋다. 발이 따뜻해지면 금방 잠이 오기 마련이다.

밤에 잠이 오지 않고 잡념이 들면, 호흡에 집중하는 방법도 좋다. 굳이 잠자리에서 뒤척일 필요가 없다. 대신에 일어나 다른 방으로 가서 약간의 활동을 하되 텔레비전을 보거나 인터넷에 접속하거나 일을 하지는 말아야 한다. 한편 러프보로 수면연구센터에 따르면, 잠이 오지 않을 때 퍼즐 맞추기가 아주 효과적이라고 한다. 여하튼 잠이 오기 전까지는 잠자리에 들지 않는 것이 좋다.

잠이 오지 않는 것과 잠을 제대로 못 자는 것 자체는 해롭지 않다. 그런데 잠만 제대로 잘 수 있다면 스트레스를 훨씬 덜 받을 것이라고 생각한다면, 이것은 심각한 판단 착오다. 왜냐하면 스트레스가 근본 원인이기 때문이다. 잠이 오지 않는 것과 잠을 제대로 못 자는 것은 스트레스를 받는 증거다. 따라서 만약 오랫동안 수면 장애에 시달린 경우라면 그 원인을 치유해야 한다. 부디 이 책에 나오는 스트레스를 해소하고 잠재력을 발휘하는 여러 기법을 꾸준히 사용하기 바란다.

인체의 자연적인 리듬 이해하기

인체는 24시간 간격의 리듬이 100개 이상 있는데, 각 리듬은 잠을 자거나 깨는 것을 비롯한 여러 가지 인체의 기능에 영향을 미친다.

혹시 아침에 일어나기 힘든가? 오후가 되면 자주 졸리고 집중이 되지 않는가? 사고의 유연성과 의사결정 능력이 떨어진 상태에서, 자연적인 리듬을 무시한 채 일하기에 부적당한 시간에 일에 집중하려고 애쓰는 것은 소용없는 짓이다.

자신의 인체시계를 따르는 자세가 바로 업무 능력을 향상시키는 비결이다. 앞으로 2주일 동안 일을 하면서 몸의 자연적인 리듬을 잘 관찰하면, 업무효율을 높이는 데 큰 도움이 될 것이다. 예를 들어 가장 정신이 맑고 활기가 넘치는 시간을 알아내어 바로 그때 중요한 회의를 열거나 계획을 세우면 효과적이다.

잠을 편안하게 자기 위해서는 잠자리를 아늑하게 만드는 것이 중요하다. 여기서는 침실에 들어가자마자 몸과 마음이 편안해지도록 잠자리를 가장 아늑한 곳으로 만드는 방법을 배워보자.

❶ 자기 침실을 자세히 살펴본다. 주로 어떤 색깔인가? 물론 각자 좋아하는 색깔은 모두 다르지만, 일반적으로 대부분의 사람들은 파란색과 녹색을 가장 편안하게 느낀다. 침실을 좀더 아늑한 색으로 꾸미거나, 침대시트, 카펫, 쿠션, 각종 장식품 등도 부드러운 색으로 바꾸는 것이 좋다.

❷ 이제 커튼과 블라인드를 살펴본다. 길이와 폭은 적당한가? 빛을 제대로 차단해 주는가? 숙면을 취하려면 빛을 확실히 차단하는 어두운 색깔의 긴 커튼이 좋다.

❸ 침대는 얼마나 편안한가? 매트리스 상태를 살펴보고 이상이 있으면 바꾼다. 베개도 마찬가지다. 특히 베개는 머리를 얼마나 편안하게 쉬게 해주느냐를 좌우하기 때문에 가능하면 편안한 베개를 사용해야 한다.

❹ 방 안에 어지럽게 널려 있는 것을 깨끗이 정리한다. 잠들기 전에 가벼운 음악을 듣거나 편안한 책을 읽는 것은 좋지만, 일, 컴퓨터, 텔레비전 등은 절대 금물이다.

❺ 차분한 느낌의 그림이나 아름다운 꽃병 같은 특별한 물건을 침실에 들여놓는 것도 좋다. 혹은 라벤다, 마요라나, 일랑일랑 같은 방향제를 써서 수면을 촉진하는 방법도 있다.

당신은 일과 일을 제외한 다른 부분과의 균형 여부가 건강에 심각한 영향을 미치는 점을 알고 있는가? 지난 25년 동안 딘 오니시 박사는 미국의 심장병 환자들의 생활 방식의 영향을 연구하는 임상연구소를 운영해 왔다. 그는 수술을 하거나 약물치료를 하지 않더라도 생활 방식을 바꾸면 심각한 심장질환도 호전될 수 있는 점을 발견했다. 이것은 건강한 사람들의 건강 유지에도 시사하는 바가 크다.

삶과 일의 균형에 대한 글과 책은 수없이 많다. 그런데 결론은 하나로 요약된다. 즉, 일과 가정생활의 균형을 맞춰야 한다는 것이다. 일만 중요시하는 사람들은 '내겐 삶이 가장 소중해!' 하는 사고의 전환이 필요하다.

사람에게는 사랑과 친밀성, 운동과 영양 섭취, 사회적 교류, 영혼의 안식, 영감 등 정신적인 자극제가 필요하다. 이것이 충족되면 우리는 행복하고 활력을 느낀다. 하지만 이 중 몇 가지가 모자라면, 행복과 건강한 생활을 기대하기 어렵다.

포크너 생활균형지도를 보면, 삶의 6가지 부분의 영양소가 담긴 컨테이너가 나온다. 존 포크너는 우리 삶이 정신적 컨테이너, 육체적 컨테이너, 정서적 컨테이너, 사회적 컨테이너, 영적 컨테이너, 상징적 컨테이너 등 6개의 컨테이너로 구분된다고 보고 있다. 모든 컨테이너는 서로 연관될 수 있고 또 그렇게 돼야 한다.

이제 하나의 행동이 자동적으로 우리 삶의 몇 가지 컨테이너에 영향을 미치는지 그 사례를 살펴보자. 나는 가족이나 친구들과 세계 곳곳의 따뜻한 지방을 돌아다니며 요트여행하기를 좋아한다. 요트여행은 자연스레 운동이 되니까 육체적 컨테이너를 채우는 데 도움이 된다. 또한 내가 사랑하는 사람들과 함께 즐거운 시간을 보낼 수 있으므로 정서적 컨테이너도 채워준다. 아울러 하나의 모임을 만들어 그들과 함께 지내기 때문에 사회적 컨테이너도 약간 채워질 수 있고, 내 개인적으로 물, 바람, 태양 등은 자유를 나타내기 때문에 상징적 컨테이너도 채워진다.

다음에서는 삶의 균형 여부를 꼼꼼히 살펴보자. 여기서 중요한 점은, 삶에서 일이 전부가 아니라는 것이다. 삶에 영양소를 공급하고 삶의 균형을 맞춰주는 데는 6가지 방법이 필요하다. 그러므로 일만 잘하면 다른 부분을 모두 채울 수 있다고 믿어서는 곤란하다. 자, 다음에 나오는 실습 9에서 어느 컨테이너가 비어 있는지 살펴보자.

6개 컨테이너가 모두 채워져 있거나, 반만 채워져 있거나, 혹은 1, 2개의 컨테이너는 거의 텅텅 비어 있을 수 있다. 텅 빈 컨테이너가 바로 삶의 여러 부분 중에서 영양소가 부족한 곳이다. 아마 우리 자신은 모르고 있을 것이다. 일단 영양소가 모자란 부분을 찾았으므로 이제 남은 일은 그곳에 영양을 공급해 삶의 균형을 회복하는 것이다.

다음은 삶의 조화를 이루기 위해 채워야 하는 6가지 삶의 컨테이너다. 이들 컨테이너들을 채우기 위해 꾸준히 연습하고, 각 컨테이너 사이의 균형을 이룰수록, 삶의 모든 부분에서 성공을 거둘 가능성이 높아질 것이다.

● **정신적 컨테이너** — 우뇌와 좌뇌의 활동
논리적 이성적 사고, 폭넓은 시각, 문제 해결, 치밀한 분석, 결단력, 명확한 사고, 우선순위 결정, 독창성, 직관

● **육체적 컨테이너** — 몸 관리
달리기나 수영 같은 심장혈관계 운동, 유연성, 활력 증진, 영양 섭취, 긴장 해소, 마사지나 지압 같은 접촉 요법

● **정서적 컨테이너**
사랑, 감수성, 신뢰, 분노, 공포, 수치, 흥분 등의 감정에 솔직하기.
사랑과 호감으로 타인과 접촉하기.

● **사회적 컨테이너**
동아리, 집단, 공동체 등에 속한 느낌. 자신이 속한 공동체에 대한 봉사. 문화, 정치, 자원봉사, 자선사업 등에 대한 참여.

● **영적 컨테이너** — 개인적 가치와 신념
윤리 의식, 삶의 목적과 의미에 대한 생각, 종교적 습관, 명상, 사랑과 고결함으로 충만한 삶

● **상징적 컨테이너** — 중요한 삶의 자극제
이미지, 상징, 전설, 신화, 이야기, 우화, 우상, 역할 모델, 스승, 권위자, 꿈과 환상

자기 삶의 균형 여부를 살펴보면, 영양소가 풍족한 부분과 부족한 부분을 알 수 있고, 결국 균형 회복과 건강에 도움이 된다.

❶ 조용한 곳에 앉는다. 연필과 종이 몇 장을 가지고 일단 텅 빈 컨테이너를 6개 그린다. 6개 컨테이너에 각각 정신적, 육체적, 정서적, 사회적, 영적, 상징적 등의 이름을 붙인다. 만약 자기 삶에 아예 그런 컨테이너가 없으면 이름을 붙이지 않아도 된다.

❷ 이제 각 컨테이너의 이름을 보면서 자기 삶에 대해 생각해 본다. 즉 6개 컨테이너 중에서 어느 컨테이너가 가득 찼는지, 혹은 반만 채워졌거나 거의 바닥이 났는지 생각한다. 혹시 텅텅 비어 있는 컨테이너는 없는가? 다음에는 컨테이너에 채워진 높이를 연필로 표시한다.

❸ 지금 가장 많이 비어 있는 컨테이너를 살펴본다. 그 컨테이너를 채울 수 있고 다른 컨테이너와 밀접하게 연결하는 데 필요한 구체적인 방법을 생각한다.

❹ 만약 구체적인 방법이 있으면, 실천계획을 세운다. 어떤 계획이든 간에 반드시 꾸준히 실천해야 한다. 그리고 실천 여부와 진전 과정을 항상 일기장에 기록해야 한다.

❺ 가장 많이 비어 있던 컨테이너가 채워진 뒤에는 그 다음으로 많이 비어 있는 컨테이너를 채우도록 한다. 모든 컨테이너가 채워질 때까지 멈춰서는 안 된다.

아마 당신은 하루 중 직장에서 보내는 시간이 가장 많을 것이다. 전망이 좋은 널찍한 사무실이든 아니면 좁은 칸막이이든 그곳은 당신의 일터다. 그런데 작업 공간의 상태에 따라 건강, 집중력, 생산성 등이 좌우될 수 있다. 사실 몇 가지 사소한 변화로도 작업 능률이 크게 향상되는 예가 많기 때문에 작업 환경을 개선하는 것은 매우 중요한 일이다.

만약 지금 작업 환경이 불편하면 정확히 어떤 문제가 있는지 살펴봐야 한다. 어떤 사람에게는 약이지만 다른 사람에게는 독일 수 있기 때문이다. 예를 들면 확 트인 개방형 사무실에서 일하기 좋아하는 사람이 있는 반면, 주변 소음을 싫어하고 자기 모습이 노출되는 것을 꺼려 벽을 쌓아야 일이 잘 되는 사람도 있다. 그리고 아무리 작아도 자기만의 작업 공간을 선호하는 사람이 있는 반면, 그런 곳에서는 밀실공포증을 느끼는 사람도 있다.

현재 작업 공간이 적당한지 살펴보는 것은 중요한 의미가 있다. 만약 서류철 정리작업을 자주 하는 경우라면 서류보관용 캐비닛을 잘 보이는 곳에 두어야 한다. 전화와 조명 기구의 위치, 책상의 높이, 의자의 품질 등은 사소해 보이지만 아주 중요한 요소다.

몇 년 동안이나 만성요통에 시달린 어느 직장인의 경우를 살펴보자. 평소에는 아프다가 휴일에는 괜찮았기 때문에 그는 작업 환경에 원인이 있다고 판단했다. 작업 환경을 꼼꼼히 조사한 결과 그는 작은 나무 조각으로 책상 높이를 높였고, 좀더 좋은 의자로 바꿨다. 그랬더니 언제 그랬냐는 듯이 요통이 사라졌다.

이처럼 인간공학적으로 알맞은 작업 환경을 갖출 필요가 있다. 이렇게 해야 몸에 무리가 가지 않는다.

귀찮고도 어려운 일을 떠올릴 경우 서류 작업을 빼놓을 수 없다. 솔직히 나도 예전에는 책상을 온통 종이와 서류철 등으로 어질러놓곤 했는데, 언젠가 내 사무실을 청소하던 사람이 내게 이런 말을 할 정도였다.

너무 어지러워 책상 닦는 것은 꿈도 못 꾸겠어요. 그래서 먼지만 대강 털고 말아요

작업 환경이 어지러우면 작업 능률이 떨어지고 다른 사람들에게 나쁜 인상을 줄 수도 있다. 만약 당신이 작업 환경이 어지럽건 말건 신경 쓰지 않는 사람이라면, 그 사람은 분명 지금까지 조용하고 깔끔히 정리된 작업 공간에서 일해 본 경험이 전혀 없기 때문일 것이다.

작업 환경이 나쁘면 당연히 작업 성과가 떨어지고 건강에도 해롭다. 어느 고위 관리자에 따르면, 엔지니어로 일하던 젊은 시절 그는 패스트푸드 식당 바로 위에 있는 사무실에서 일했다고 한다. 덕분에 숨을 쉴 때마다 튀김 냄새가 코를 찔렀고, 결국 그는 일을 제대로 하지 못했다.

한편 피고용인의 건강과 안전에 관한 여러 가지 법적 규정이 있기 때문에 여기에 맞지 않는 작업 환경은 적극적으로 개선해야 한다. 환기가 잘 되지 않으면, 작업자의 기분과 작업 능률에 악영향을 미친다. 이 경우에는 그냥 불평하는 것에 그쳐서는 안 된다. 사실을 확인한 뒤 누군가 환기시설을 개선할 수 있는 사람을 찾아 분명히 말해야 한다. 작업 공간은 최소한의 법적 규정에는 맞아야 한다.

그런데 물리적 환경에는 아무 문제가 없는데 작업 환경이 마음에 들지 않는 경우도 있다. 이 경우 문제는 사무기구 위치 같은 작업 환경 자체보다는 인간 관계에 있다. 업무에 집중하는 데 방해가 되는 인간관계는 어떤 식으로든 조치가 필요하다. 사실 이것은 당신을 힘들게 하는 사람에게 조금만 조심해 주면 정말 고맙겠다고 말하는 것처럼 간단할 때도 있지만, 말처럼 그리 쉽지 않은 일이다. 때문에 어느 정도 용기가 필요한데, 문제는 사람들이 자신이 처한 상황을 제대로 파악하지 못하는 것이다.

따라서 작업 공간에서 업무 효율을 떨어뜨리고 일의 즐거움을 빼앗는 여러 요소를 찾아 몇 가지 범주로 구분하는 것이 중요하다.

❶ 직접 개선할 수 있는 것들. 무엇을 먼저 개선해야 할지 생각한다. 구체적으로 무엇을 어떻게 바꿀지 궁리한다. 사소한 변화도 업무 효율 향상에 큰 도움이 될 수 있다.

❷ 직접 개선할 수 없는 것들. 그냥 참고 일할 수도 있지만, 신경이 쓰이기 마련이다. 혹은 영 희망이 없어 보이면 아예 직장을 그만 둘 생각도 들 것이다. 하지만 소극적인 자세로 포기하기보다는 도와줄 사람을 찾는 편이 더 현명하다. 작업 공간에서 개선이 필요한 점을 그들과 의논하면, 뜻밖의 도움을 받을 수도 있다.

이제 작업 공간의 효용성 평가는 아주 중요하다. 작업 공간을 개선하는 것은 건강을 위한 기본 요소다.

❶ 컴퓨터 작업, 전화통화, 서류 작업, 서류철 정리, 사람들과의 대화 등 여러 가지 일을 하는 데 작업 공간이 얼마나 편한지 생각해 본다. 내가 작업 공간에서 주로 하는 일이 무엇인지 적는다.

❷ 책상과 의자의 높이나 환기 장치와 조명 기구의 위치가 얼마나 적당한지 점검한다. 그 밖의 사무기구도 꼼꼼히 점검해 더욱 편안한 작업 환경을 만든다.

❸ 우리는 얼마나 깔끔한가? 적재적소라는 말을 명심하자. 서류를 체계적으로 정리하면 작업 공간이 한결 깔끔해진다. 서류 정리에 서툰 사람은 서류 정리 전문가의 도움을 받아도 좋다.

❹ 이제 작업 공간을 더욱 예쁘게 꾸며보자. 꽃은 실용성 위주의 사무실 분위기를 바꾸는 데 도움이 된다. 아름다운 꽃에서 나는 향기는 일하는 동안 기분전환에도 좋다. 사랑하는 사람이나 멋진 광경을 담은 사진 등도 괜찮다.

❺ 작업 공간을 잘 가꾸도록 단단히 결심한다. 정리정돈의 중요성을 인식하면, 우리의 잠재력을 실현하는 데 분명 도움이 된다.

직장인들의 공통점 하나는 언제나 시간이 부족하다는 것이다. 사실 우리는 재미는커녕 약간의 여유도 없이 마치 다람쥐 쳇바퀴 돌 듯 살고 있다. 평일에는 하루 종일 일하고 지친 몸으로 귀가해 배우자나 가족을 상대해야 한다. 한가한 것 같지만 주말도 마찬가지다. 주말에는 다음 주를 위해 쇼핑, 세탁, 집 수리 등을 하느라 바쁘다. 말 그대로 쉴 틈이 없다.

그러므로 우리는 자기 자신을 돌볼 시간을 간절히 원하면서도 '내 가족도 제대로 못 보살피는데……' 하며 포기하고 만다. 물론 이해 못할 일은 아니다. 하지만 그렇게 해서는 곤란한 이유가 두 가지 있다. 첫째, 오늘날처럼 많은 압박감을 느끼는 생활에서 자기 건강을 돌보려는 것은 사치가 아니라 필수 사항이기 때문이다. 스트레스를 풀고 활력을 찾고 건강을 돌보는 것은 선택 사항이 아니다. 스트레스에 찌든 몸으로 어떻게 일을 잘 할 수 있겠는가? 둘째, 자기 건강을 돌보는 시간을 마련하는 것은 언제나 가능한 일이기 때문이다. 사실 정말 빡빡한 스케줄 속에서 일하는 사람들이 바로 자기 건강 관리에 철저한 사람들인 경우가 많다. 그들은 시간 관리에 익숙하고 자기만의 시간을 소중히 여긴다. 왜냐하면 그것이 업무 능률에 미치는 긍정적인 영향을 알기 때문이다.

그렇다면 마음을 안정시키고 활력을 되찾고 업무 효율을 높이는 데 필요한 시간을 어떻게 마련할 것인가? 부디 현실을 직시해 보자. 우리에게 그만두라고 할 사람은 없다. 오히려 적은 바로 나 자신이고, 괜히 심사가 뒤틀려서 '그게 그렇게 쉽다면 지금까지 내가 못할 리 없었을 텐데' 하고 생각하는 사람도 바로 나 자신이다. 사실 우리가 가장 먼저 고려해야 할 점은, 새로운 습관을 들이면서 느끼게 될 만한 불편함이나 근심을 기꺼이 극복할 자신이 있는지 여부다. 왜냐하면 적절한 시간을 마련하는 문제는 그리 어려운 일이 아니기 때문이다.

우선 매일 한 번씩 30분 동안 내 자신만을 위한 시간을 보내면 어떤 기분이 들까 생각해 보자. 아마 우리는 일 때문에 마음이 편치 않을 것이다. 그렇다면 피곤에 찌든 사람보다 충분히 쉰 사람이 일을 더 잘 할 수 있다는 점을 다시 한 번 명심하자.

한편 매일 30분씩 나만을 위한 시간을 갖는 것은 이기적인 행동이라고 생각할 수도 있다. 하지만 치열한 경쟁 속에서 고군분투하는 자신을 돌보는 것이 다른 그 무엇보다 중요하다. 이것을 인정하지 않는다면 그것이 더 위선일지 모른다. 네 이웃을 네 몸과 같이 사랑하라는 성경말씀을 잘 알 것이다. 그런데 이것은 너는 피곤에 찌들더라도 네 이웃을 사랑하라는 뜻이 아니다.

그런데 주위로부터 최선을 다하지 않는 사람이라는 소리를 들을까 싶어 망설이는 경우도 있을 것이다. 물론 죽어라 일만 하는 것을 최고의 덕목으로 여기는 한심한 회사들이 있기는 하다.

그런데 바로 그런 회사의 어느 간부는 자신과 가족을 위해 매일 정각에 퇴근하는 용단을 내렸다. 그렇다면 그가 동료들에게 욕을 먹었을까? 전혀 아니었다. 동료 중 한 사람은 물론 "그는 퇴근시간을 조금도 양보하지 않겠지만, 업무 시간에는 최선을 다합니다" 하고 말했다.

중요한 것은 당신의 활력과 건강을 완전히 책임지는 것을 얼마나 중요하게 생각하는가이다. 반드시 자신을 돌보는 것을 우선시해야 한다. 그렇게 하지 않을 경우 우리네 삶의 길은 험난해질 것이다. 자신에게 진정 무엇이 중요한지 명심하자.

우선 하루 중에 적어도 자신만을 위해 투자할 30분을 마련하자. 어느 기업의 한 고위간부는 평온함과 고요함을 즐기기 위해 매일 아침 5시에 일어나 조깅을 한다. 그런데 그처럼 일찍 일어나기 싫으면, 점심시간에 푹 쉬거나 저녁에 적당한 시간을 마련하면 된다. 일단 매일 자기만의 시간을 마련했으면, 적어도 한 달 동안은 꾸준히 실천해야 하나의 새로운 습관으로 자리잡을 수 있다.

바쁜 일상 속에서 자신을 돌보는 시간을 따로 마련하는 데는 독립심이 필요하다. 없는 처음에는 조금 야박하고 심지어 '나만 왜 우선으로 치는 것 아닐까?' 하는 생각이 들 수 있다. 그러나 며칠 동안 이런 식으로 자신을 먼저 생기면 아마 활력, 안정감, 자신감 등을 느낄 수 있을 것이다.

❶ 다이어리에서 자기 스케줄을 자세히 본다. 이른 아침, 점심시간, 잠자기 전 시간 등 자신에게 투자할 시간이 있는지 살펴본다. 예를 들어 아침에 일찍 일어나거나 저녁에 텔레비전을 덜 보는 방법이 있다. 어떤 방법이 가장 적당한지 생각한다. 만약 애인이나 배우자가 있으면 그들과 의논하는 것도 좋다.

❷ 앞으로 2주일 동안은 매일 적어도 30분씩 자기만을 위한 시간을 갖는다.

❸ 그 30분을 어떻게 보낼지 결정하고 그에 따른 준비를 한다. 예를 들면 운동을 하거나 명상강습을 받거나 마사지를 받는 등 미리 일정을 맞춰 준비한다. 만약 특별한 준비물이 필요하면 전날 밤에 미리 준비할 수 있게끔 다이어리에 적어놓는다.

❹ 포기하고 싶은 생각이 들더라도 이 소중한 30분의 시간을 끝까지 사수한다. 우리는 분명히 30분의 접대를 받을 자격이 충분히 있다. 계획대로 밀고 나가면서 어느 부분이 가장 효과적인지 살펴본다.

❺ 첫째 주 마지막 날에 미리 다음 두 주일 동안의 계획을 세운다.

이제 남은 장애물은 끝까지 포기하지 않는 것이다. 자기만의 시간을 포기하는 주범은 바로 우리 자신이다. 사실 기존의 습관에서 벗어나기가 힘들기 때문에 각오를 단단히 하고 자기만의 시간을 사수하는 데 총력을 기울여야 한다. 이때는 잡다한 일은 잊고 오로지 자기 자신만을 생각해야 한다. 만약 자신을 돌보는 시간이 어색하게 느껴지면, 그 시간을 사랑하는 사람이나 중요한 고객과 보낸다고 상상해 보자. 얼마나 즐겁고 정성을 들이겠는가? 과연 우리는 이 정도의 대접을 받을 자격이 없는가?

물론 자신만을 돌보는 시간을 갖다보면 생활이 흐트러지지 않을까? 걱정을 할 수도 있다. 하지만 그렇지 않다. 지금 우리가 하는 모든 일은 앞으로도 별이상 없이 잘 굴러갈 것이다. 차이가 있다면, 그것은 아마 일할 의욕과 성공할 수 있다는 자신감이 더 솟구치는 점일 것이다.

혹시 늘 최악의 상황을 염려하면서 살아가는 사람들을 본 적이 있는가? 만약 그런 사람들과 해수욕장에 가면, 그들은 교통체증뿐만 아니라 살갗이 타고 벌레에게 물리고 샌드위치에 모래가 들어가는 것까지 걱정할지 모른다. 친구들이나 동료들 중에는 아마 늘 긍정적인 자세로 힘이 되어주는 사람도 있고, 부정적인 사고 방식을 무기로 힘을 빼는 사람들도 있을 것이다.

우리에게는 퇴근해 가족과 인사하고 서류가방을 놓고 옷을 갈아입는 등 늘 반복하는 일정한 행동 양식이 있는 것처럼 특정한 사고 방식이 있는데, 자기 사고 방식을 파악하는 것은 정말 중요하다. 왜냐하면 사고 방식에 따라 정신적 내부 환경이 만들어지기 때문이다. 만약 언제나 사물을 부정적으로 보면 결국 말이 씨가 되듯 부정적인 결과가 발생할 가능성이 높아진다.

진지하게 삶을 긍정적으로 보는 습관은 더할 나위 없이 소중하다. 긍정적인 사고를 하면 다음과 같은 장점이 있다.

- 위기를 기회로 삼을 수 있다.
- 난관을 극복하고 새로운 목표를 향해 전진할 수 있다.
- 다른 사람의 부정적인 사고 방식을 바꿀 수 있다.
- 다른 사람의 장점에 더욱 주목할 수 있다.
- 늘 감사하는 마음으로 행복하고 즐거운 삶을 누릴 수 있다.

혹시 부정적으로 생각해서 얻는 이익이 있는가? 부정적인 사고를 하는 사람들에게 이렇게 물어보면, 아마 그들은 자신은 부정적이 아니라 현실적으로 생각한다고 우길 것이다. 또한 그들은 최악의 경우를 대비하는 것의 중요성을 강조할 것이다. 솔직히 그것은 말도 안 되는 소리다. 긍정적인 사고 방식의 소유자도 어떤 상황의 부정적인 면을 점검할 수 있기 때문이다. 더구나 부정적인 사고 방식의 소유자는 몸에 해로운 생리적 증상이 나타난다. 긍정적인 사고는 면역 기능을 강화하는 호르몬의 분비를 촉진하지만, 부정적으로 사고하면 스트레스 호르몬이 분비된다.

몇 분 동안 자기 마음이 만들어내는 영화를 감상한 뒤 부정적인 사고 방식의 소유자임이 드러나면, 당신을 도와줄 내부 코치를 초빙하자. 이때 목표는 긍정적인 자세를 갖는 것이다. 자신이 말하는 습관에 주목하자. '아, 오늘 정말 걱정되는군. 일이 제대로 될 리 없겠지' 하는 식으로 미래를 어둡게만 보는 습관을 제거하라. 대신에 '음, 오늘도 만만찮겠군. 그래도 어떻게든 해결되겠지' 라고 생각하자. 냉소주의나 지나친 자기 비판을 경계하고, 그런 성향을 지닌 사람들을 멀리하자. 긍정적인 자세로 상대를 칭찬하고 긍정적인 사고 방식이 완전히 익숙해질 때까지 꾸준히 노력하자.

물론 아무리 우리가 긍정적으로 살려고 해도 만사가 부정적으로 보일 때가 있는 법이다. 그런데 사실 무슨 문제가 있어서 그런 것은 아니다. 다만 삶의 의욕이 부족하고 희망이 보이지 않기 때문이다.

만일 이런 증상이 나타나면, 긍정적인 비전이나 꿈을 품는 것이 좋다. 흔히 기업마다 나름대로의 비전이 있는데, 우리도 기업과 마찬가지로 건설적인 비전이 필요하다. 자기만의 비전이 있으면 삶의 활력이 생기고, 자신에게 소중한 것이 무엇인지 뚜렷해지며, 중요한 결정을 내릴 때도 도움이 된다.

개인적인 비전이나 꿈이 갖는 핵심 기능은 하나의 자극제가 된다는 것이다. 비전이나 꿈에 대해 생각하면 만족과 흥분이 주는 희열을 맛볼 수 있고, 분명 몸은 활력을 느낄 것이다. 따라서 예를 들어 회사원인 당신이 5년 뒤 중역이 되어 각계 거물들과 골프를 즐길 수 있다는 생각이 그다지 즐거운 상상이 아니라면, 당신은 잘못된 비전을 갖고 있는 셈이다.

꿈에는 시간적인 척도가 필요하다. 당신은 과연 몇 년 후를 꿈꾸고 있는가? 1년, 3년, 5년, 10년? 꿈은 마치 뱃사람들이 의지한 북극성처럼 어느 정도 멀리 떨어져 있는 것이어야 하지만, 너무 먼 나머지 아예 이룰 희망이 보이지 않으면 곤란하다. 현실성이 있어야 한다.

그렇다면 현실성의 기준은 무엇일까? 그것은 당신에게 달린 문제다. 비록 아직까지는 꿈을 이루는 데 필요한 요소를 모두 갖추지 못했어도, 꿈을 이루겠다는 자신감이 관건이다. 꿈을 이룰 자신이 있고 꿈 덕분에 활력을 느끼면, 그것은 당신에게 꿈이 있다는 증거다. 당신은 적당한 시기를 직감할 수 있다. 내면의 눈으로 꿈을 이루는 모습을 상상함으로써 이 같은 직감에 익숙해질 필요가 있다. 성공할 경우 기분이 어떨지, 그리고 그때 무엇을 하고 어떤 말을 할지 상상하라. 과연 어떤 기분이 들지 알 수 있도록 머릿속의 그림이 살아 숨쉬도록 하라.

일단 상상 속에서나마 꿈이 이루어지면, 거기서 그치지 말고 앞으로 어떻게 전진할지 생각해야 한다. 어떤 이들은 출발점에서 한 번에 한 걸음씩 전진한다. 그리고 꿈이 이루어진 모습을 상상하며 성공의 비결을 되돌아보는 이들도 있다. 아마 목적지를 알려주는 상세한 지도는 없겠지만, 적어도 몇 가지 확실한 길은 있을 것이다. 바로 이때가 계획을 세울 시점이다. 물론 때로는 뜻밖의 일이 생기거나, 꿈이 달라지거나, 아니면 더 큰 꿈을 꾸게 된다. 하지만 꿈은 언제나 당신이 진정한 잠재력을 발휘하고 긍정적인 자세를 갖도록 해줄 것이다.

우리가 이 책을 읽는 이유는 삶의 근본적인 변화, 육체적 정신적 스트레스 해소 방법, 행복과 성공 등에 관심이 있기 때문이다. 이렇게 목표를 향한 전진은 어쩌면 일종의 혁신 과정이다. 여기에 나오는 여러 기법을 쓰면 분명 삶을 바꿀 수 있다.

어떤 사람들은 점진적이고 장기적인 변화를 선호한다. 예를 들면 운동 계획을 세운 뒤 명상을 하고 나서 정기적으로 접촉 요법을 시작하는 사람들이 있다. 이런 식으로 사람들은 차근차근 새로운 방식을 실천하고 몸에 익힌다. 한편 충분히 고민하고 삶에 대한 마스터플랜을 마련한 다음에 비로소 실천하는 사람들도 있다. 당신은 어느 방식이 더 맞는다고 생각하는가?

　　장기적인 변화에는 초점과 노력이 필요하다. 작심삼일이라는 말이 있듯이 어떤 새로운 방식을 일정 기간 시도하다가 바로 의기소침해지는 경우가 있다. 하지만 적어도 이번만큼은 그러한 전철을 밟지 않도록 단단히 각오하기 바란다. 가끔씩 계획대로 실천하지 못할 때는 잠시 여유를 갖는 편도 좋다. 하지만 대체 무엇이 문제인지 반드시 확인할 필요가 있다. 일정에 문제가 있었는가? 아니면 우선 순위를 잘못 정했는가? 그렇다면 원인은 무엇인가? 앞으로 다시 포기하는 일이 없으려면 어떻게 해야 하는가? 아무튼 한 번 실패했다고 완전히 포기하지 말고, 오히려 이것을 자기 삶의 주체가 되는 좋은 계기로 삼는 지혜가 필요하다.

이제 우리 삶을 바꿀 현실적인 계획을 수립할 단계다. 다음을 꾸준히 연습하자. 적절한 계획은 성공의 지름길인 법이다.

❶ 조용히 앉은 채 자기가 발전하려는 이유를 적는다.

❷ 지금까지 이 책에서 배운 내용을 바탕으로 스트레스를 해소하고 건강한 삶을 누리는 데 필요한 모든 요소를 적는다. 물론 다음 5가지는 필수 요소다.
- 심호흡, 명상
- 운동
- 접촉 요법
- 건강식
- 일, 가정, 사회활동 사이의 균형

❸ 앞에서 적은 여러 요소들을 하나씩 실천할 것인지, 아니면 처음부터 모든 요소를 포함한 마스터플랜을 세울지 결정한다.

❹ 현실을 고려한 빈틈없는 계획을 세운다.

❺ '이 정도면 되겠지' 하는 생각은 버려야 한다. 이것은 그냥 한 번 해보는 장난이 아니다. 초심을 잊지 말고 새로운 습관을 익혀 보자.

❻ 간단한 기록을 통해 발전 정도를 점검한다. 일단 발전하고 싶어 하는 이유를 적는 것부터 시작한다. 한 달 뒤에는 분명 달라져 있어야 한다.

4장

너무나 익숙한 불만들

● 결정을 못 내리겠어요 ● 할 말을 못해요 ● 말이 안 통해요 ● 흠 잡히기 싫어요 ● 끙끙 앓기만 해요 ● 시간 관리를 못하겠어요 ● 정신사나워 죽겠어요 ● 일이 너무 많아요 ● 일이냐 집이냐 ● 나를 믿지 않아요 ● 난 안중에 없나봐요 ● 도와줄 사람이 없어요 ● 매너리즘에 빠졌어요 ● 어쩌란 말이에요 ● 안심하고 맡길 수가 없어요 ● 믿을 만한 사람이 없어요 ● 너무 어지러워요 ● 이메일이 골치예요 ● 다들 무능해요 ● 회사가 지옥 같아요 ● 사람들이 괴롭혀요 ● 언제 해고될지 몰라요 ● 지도자는 외로워

● **기호설명**

4장 본문 소제목 아래에 나오는 다섯 가지 기호는 각 유형의 문제에 가장 적당한 운동과 긴장 해소 방법을 뜻한다.

★ ― 스쿼시, 테니스, 샌드백 치기 등 비교적 격렬한 운동.
● ― 요가, 태극권, 기공체조, 스트레칭 등 부드러운 운동.
▲ ― 혼자나 여러 사람과 함께하는 조용한 명상.
◆ ― 마사지, 지압, 영기기의 조작을 통한 치료 행위의 일종 등 접촉 요법.
♥ ― 달리기, 자전거 타기, 수영 등 심장혈관계 운동이나 유산소 운동.

직장에서 사람들은 장점을 발휘하는 동시에 약점을 노출시키기도 한다. 사실 우리는 다른 사람들에게 밝히고 싶은 점도 있는 반면 감추고 싶은 점도 있다. 흔히 우리는 언제나 유능한 사람으로 인정받고 싶어한다. 그런데 우리는 다른 사람들도 근심 걱정을 털어놓거나 약점을 노출하기를 꺼린다는 사실에 놀라곤 한다.

제4장에서는 직장에서 겪는 가장 일반적인 몇 가지 문제에

대한 대처 방법을 살펴보겠다. 어떤 상황의 전개 방식, 그에 따른 기분 그리고 거기에 대처하는 방법 등을 자세히 검토할 것이다. 덕분에 우리는 직장에서 발생하는 여러 문제를 해결하는 효과적인 방법을 배울 수 있다. 앞에서 자세히 설명했듯이, 본문 양쪽에는 5가지 기호가 나오는데, 각 상황에 필요한 연습이나 긴장해소 방법을 나타낸다(오직 진한 색의 기호만 특정 문제에 적용된다).

결정을 못 내리겠어요

★ ● ▲ ◆ ♥

우유부단한 태도는, 마치 짙은 안개 속을 헤매는 듯한 일종의 정신적 마비 상태로 이어질 때가 자주 있다. 하지만 다행히 결단을 두려워하는 소극적 태도를 인정하고 적극적으로 대책을 세우면 안개는 곧 걷힐 수 있다.

우선 결정을 내리기 어려워하는 원인을 찾아야 하는데, 아마 대부분은 자신의 결정이 초래할 나쁜 결과에 대한 두려움 때문일 것이다. 이 같은 두려움의 근본원인은 흔히 일을 제대로 처리하지 못하면 욕을 먹을 거라는 식의 부정적인 자기암시다. 하지만 절대로 잘못된 결정을 내리지 않는 사람은 바로 아예 아무런 결정도 내리지 않는 사람이라는 점을 명심할 필요가 있다. 결정에 능숙한 사람들은 소극적이지 않다. 그들은 잘못된 결정도 당당히 인정하고 그것에서 교훈을 얻으며, 절대 결정을 두려워하지 않는다.

부정적인 자기암시에서 벗어나지 못하는 사람들은 우선 합리적이고 효과적인 의사결정 과정을 익힐 필요가 있다. 자신이 정한 의사결정 기준을 따르면, 현명한 결정을 내리는 데 도움이 된다. 따라서 연습을 하면 더욱 빠르고 자연스럽게 결정을 내릴 수 있다. 물론 관련정보를 수집해야 하는 경우에는 시간이 걸릴 수 있다.

의사결정 과정의 첫 걸음은 결정의 범위를 정하는 일이다. 예를 들면 '금년 목표치를 달성하려면 생산량은 얼마가 되어야 할까?' 라는 식으로 말이다. 다음에는 이 질문에 대한 해답을 얻는 데 필요한 정보를 수집해야 한다. 지금 결정의 목적은 무엇인가? 결정에 따라 우리가 기대하는 것은 무엇이고, 다른 사람들이 얻을 수 있는 이익은 무엇인가? 예를 들어 우리의 목적이 연간 목표치를 달성하는 것이라면, 상사의 목적은 팀원들의 과로를 막는 것일 수 있고, 사장의 목적은 연간목표치를 초과 달성하는 것일 수도 있다.

그런데 우리는 모든 사람의 목적을 항상 충족시켜주지는 못하지만, 그나마 가장 합리적인 결정을 내릴 수 있다. 이때 목적을 최소치와 최대치로 구분하면 편리하다. 최소치는 말 그대로 최소 5000달러나 최소 10만 개 등 기본적으로 반드시 달성해야 하는 것이다. 반면 최대치는 반드시 정복해야 할 필요는 없지만 그래도 오르고 싶은 고지 같은 것이다. 이러한 최소치와 최대치의 목록을 중요도에 따라 작성하라.

이제 가능성에 대해 살펴보자. 예를 들어 지금 우리가 동료들을 혹사시키지 않아도 목표치를 달성할 수는 있지만, 부하직원 한 명만 더 있으면 1000개를 더 생산할 수 있는 상황이라고 가정하자. 이때 얼마의 추가비용이 들까? 그리고 그것이 그만한 가치가 있을까? 우선 여러 가지 방안 중에서 최소치에 미치지 못하는 것은 버리고, 최대치를 충족시킬 만한 대안이 있는지 검토한다. 마지막으로 최소치와 최대치 모두를 만족시키는 방안을 평가한다.

이 같은 가상결정 중에서 가장 좋은 결과를 낳을 것 같은 것은 무엇인가? 만일 내가 전문가라면 어느 것을 가장 권해 주고 싶은가? 이제 결정은 우리의 몫이다.

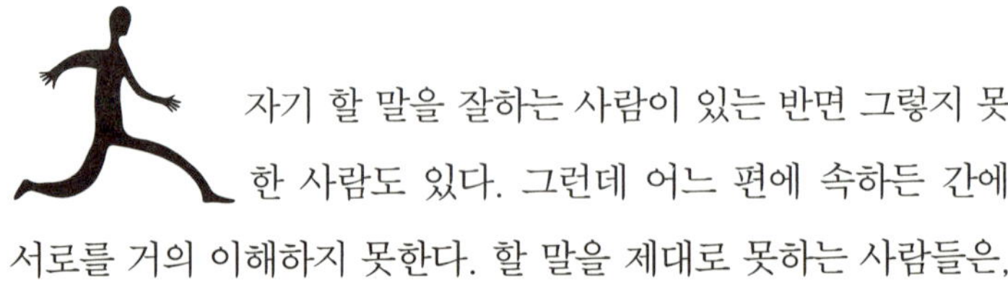

자기 할 말을 잘하는 사람이 있는 반면 그렇지 못한 사람도 있다. 그런데 어느 편에 속하든 간에 서로를 거의 이해하지 못한다. 할 말을 제대로 못하는 사람들은,

흔히 다른 사람들을 벌하거나 불량품을 반품하거나 일을 다시 하도록 요청하기를 어려워한다.

아주 지적이고 유능한 젊은이의 예를 들어보자. 그는 단호한 태도를 익히기 위해 어느 역할극에 출연했는데, 그것마저도 제대로 해내지 못했다. 그의 목소리는 잔뜩 주눅이 들어 있었다. 그 바람에 상대역은 이렇게 놀라워 했다.

"정말 이해할 수 없군요. 저 사람은 왜 말도 제대로 못하는 거죠?"

사실 단호하지 못한 사람들은 어릴 적부터 다른 사람들의 기분을 지나치게 배려하는 경향이 있다.

'착하게 살아야해. 다른 사람들의 기분을 나쁘게 하는 건 옳지 않아' 하는 생각에 사로잡혀 있다. 하지만 그들은 단호함과 무례를 혼동한다. 사실 단호함과 무례는 전혀 다른 것이다.

단호한 사람들은 건설적인 의사소통을 위해 자신의 의견을 명확하게 표현한다. 반면에 무례한 사람들은 상대방을 위압할 목적으로 함부로 말한다. 다시 말해 일종의 권력을 얻는 데 관심이 있는 것이다. 이처럼 단호함과 무례는 큰 차이가 있다. 상대방을 무시한 채 일방적으로 말하는 태도는 옳지 않다. 하지만 단호함은 자기 진심을 말하는 것이고, 이것은 모든 인간의 권리이기도 하다. 직장에서는 단호하게 자기 의견을 표현하는 용기가 절실할 때가 있다. 그렇지 않고서는 의견을 확실히 밝히고 목표를 설정하고 오해를 풀기 어렵다.

자기 목소리를 내는 데 어려움을 느끼는 사람은 마음을 굳게 먹을 필요가 있다. 우선 단호하게 행동하는 사람들을 잘 관찰해 보자. 아마 그들은 꼿꼿한 자세로 상대방의 눈을 보며 조용히 입을 열 것이다. 간혹 그들이 약간 흥분한 상태에서 말하더라도 우리는 그들의 말뜻을 알아들을 수 있다. 왜냐하면 의사가 분명하기 때문이다. 그들은 전혀 건방을 떨지 않는다. 대신에 아주 솔직하다.

이번에는 단호하지 못한 사람들을 살펴보자. 그들은 하고 싶은 말을 억지로 참는 경우가 많다. 그렇지만 참으면 참을수록 속은 부글부글 끓는다. 말하자면 언제 폭발할지 모르는 인간 화산이 되는 것이다. 어느 날 회사에 출근하니 동료 한 사람이 "오늘 제니에게 무슨 일 있어? 정말 찬바람이 쌩쌩 불더군" 하고 말하는 경우를 연상하면 되겠다. 평소에 할 말을 못하며 속만 태우던 사람들은 결국 사소한 일에도 심하게 화를 낸다. 하지만 그것은 단호한 태도가 아니라 단순히 폭발하는 것인데, 그 바람에 의사소통은 어려워지고 서로 기분이 상한다.

할 말을 못하는 예를 살펴보자. 아마 입안에서는 "이번 프로젝트에는 문제가 있습니다", "오늘은 이만 가봐야겠습니다. 결혼기념일이라서요"라는 말이 뱅뱅 돌겠지만 정작, "좀더 손을 봐야겠습니다. 하지만 걱정마세요. 제가 알아서 하겠습니다", "글쎄요. 한 시간 정도는 더 머물 수 있겠습니다"라는 소리가 튀어나온다. 괜히 주눅이 들어 진심을 털어놓지 못하는 것이다. 거기서 그치면 그나마 다행이겠지만, 할 말을 못했으니 그런 자신의 모습에 크게 실망하는 악순환이 반복된다.

이제 마음의 눈으로 자신이 하고 싶은 말을 할 수 있는 사람으로 변한 모습을 상상해 보자. 분명 다른 사람들의 반응이 걱정될 것이다. 하지만 실제로 당신의 동료들이 할 말을 하는 경우 다른 사람들이 그를 싫어하던가? 아마 아닐 것이다. 물론 간혹 그럴 수도 있겠다. 하지만 대부분은 솔직하고 명쾌한 사람을 좋아한다.

이제 연습을 할 단계다. 처음에는 두렵고 어색하더라도 포기하면 안 된다. 자기 기분을 적절히 달래고 목소리를 가다듬자. 연습을 하면 할수록 더욱 익숙해질 것이다. 진심을 털어놓고 할 말을 하면 자신감이 생기고 새로운 도전도 두렵지 않게 될 것이다.

단호하지 못한 사람은 주눅이 들어 숨을 제대로 못 쉬고 상대의 눈을 쳐다보지 못한다. 단호한 태도가 필요한 상황을 대비해 다음을 연습하자. 분명 효과가 있을 것이다.

❶ 몸을 움직인다. 의자에 앉아 있을 때는 몸을 이리저리 움직이고, 서 있을 때는 발의 위치를 바꾼다. 이것은 긴장을 푸는 효과가 있다. 몸을 움직이면서 일단 상대방에게서 시선을 떼고 심호흡을 한다. 약 2초 정도 이렇게 한다. 잠시 생각하는 듯한 모습이기 때문에 그다지 어색해 보이지 않을 것이다.

❷ 이제 심호흡을 한 번 더 하고 상대를 똑바로 쳐다보고 말을 한다. 마음을 다잡을 시간이 필요하면 "유감이지만 말입니다"라고 하거나 "좀더 나은 길을 찾아야 할 것 같습니다" 하고 말하면서 시간을 번다.

❸ 이때 상대방은 당신이 뭔가 중요한 말을 하려고 하는 느낌이 들기 마련이다. 천천히 숨을 쉬면서 솔직하고 간단명료하게 할 말을 한다. 그런 다음에 상대방의 반응을 기다린다.

❹ 절대 주눅이 들거나 죄책감을 느낄 필요가 없다. 괜한 변명을 늘어놓는 것도 좋지 않다. 핵심만 말해야 한다.

❺ 만약 상대방이 강하게 나오면, 그냥 아까 한 말을 다시 하면 된다. 절대 움츠러들지 말고, 편안하고 천천히 숨을 쉰다.

❻ 실제로 이렇게 몇 번 한 뒤 단호한 태도 덕분에 활력과 자신감이 생기는 경우가 있는지 점검한다. 그런 느낌이 들 때마다 스스로를 격려한다.

의사소통은 일방적인 것이 아니라 쌍방향적이다. 따라서 원활한 의사소통은 어느 한쪽의 노력으로는 어렵다. 혹시 동료들이 당신의 말에 귀 기울이지는 않고 자기가 말할 차례만 기다리는 경우를 본 적이 있는가?

전화를 예로 들어보자. 우리가 전화를 할 때는 송신자나 수신자 중 하나의 역할을 한다. 따라서 아무리 짧은 통화라도 송신자와 수신자가 있어야 대화가 가능하다. 하지만 늘 바쁘게 돌아가는 직장에서는 원활한 의사소통이 어렵다. 해야 할 일은 산더미같이 쌓였고, 동료들과 뜻이 맞지 않는 경우가 많다. 사실 우리는 동료들이 자기 잘못을 인정하는 모습을 보는 게 소원일 정도다.

결국 우리는 누구나 송신자만 되려고 한다. 동료들의 생각이 틀려 보이기 때문에 자기 주장만 관철하려고 애쓴다. 물론 동료들도 마찬가지다. 그런데 동료들이 선천적으로 유순한 사람들인 경우에는 억지로 우리 주장을 관철하는 데 성공할 때가 있다. 하지만 과연 이것이 바람직한 현상일까? 결코 그렇지 않다.

이 같은 현상 때문에 나타난 부정적인 결과 몇 가지를 살펴보자. 우리는 다른 사람들이 말하는 동기와 내용을 오해해서 그들을 비난할 때가 있다. 덕분에 그들은 화를 내고 우리와 멀어진다. 따라서 상부상조는 자취를 감춘다. 양쪽 모두 실망하고 화를 낸다. 의사소통이 되지 않은 전형적인 결과다.

반면 진지하게 사람들의 말에 귀 기울이면 사이가 좋아지고 서로 믿음이 생긴다. 하지만 이것은 말처럼 쉬운 일이 아니다. 따라서 연습이 필요하다. 상대의 말에 귀 기울이려면, 우선 앞으로 몇 분 동안 뭔가 가치 있는 일에 시간을 투자한다고 마음먹어야 한다. 만일 시간이 촉박하면, "지금 10분밖에 시간이 없지만, 기꺼이 당신의 말을 들어보겠습니다"라는 식으로 솔직히 말해도 좋다. 자기 생각은 일단 접어두어야 한다. 지금 중요한 것은 상대방의 말에 귀 기울이는 것이다.

우리가 할 일은 다음과 같다. 일단 주의 깊게 상대방의 말을 듣는다. 천천히 숨을 쉬면서 상대방의 눈을 바라본다. 진지한 표정을 짓는다. 뭔가 이해되지 않은 점이 있으면 질문을 한다. 상대방과 뜻이 맞지 않은 경우에도 질문을 한다. 슬슬 반론을 펴고 싶은 기분이 들 때도 질문을 한다. 이런 식으로 상대방에게 계속 대화의 핵심을 상기시킨다. 이렇게 하면 상대방의 말을 정확히 이해할 수 있고, 아울러 상대방에게도 자기 말을 진지하게 듣는 듯한 느낌을 준다. 또한 우리도 마음이 편해지고 활력을 느낄 것이다. 비록 상대방의 의견에 동의하지 못해도 최소한 새로운 정보는 얻은 셈이니까 말이다.

그런데 상대방의 말을 귀담아 듣기보다 상대방에게 말하기를 어려워하는 경우라면 어떨까? 말을 상대방이 오해하거나 느굿하게 들어주지 않는 경우 말이다. 이때는 절친한 동료들에게 문제점을 지적해 달라고 부탁하면 된다. 변명을 하려 들지 말고 그들의 충고를 들으면서 자세히 적어두는 편이 좋다.

특정한 의사소통의 필요성과 목적을 명확히 인식하지 못한 경우에는 자신의 의사를 제대로 전달하기가 거의 불가능하다. 따라서 언제나 의사소통의 필요성과 목적을 명심해야 한다. 이렇게 하면 의사표현을 더욱 확실히 할 수 있다.

미리 준비할 여유가 있으면, 자기가 표현하고 싶은 말의 요지와 이유를 기록하라. 꼭 필요하면 관련 자료를 준비해 핵심포인트를 요약하고, 상대방에게 이해되지 않는 부분이 있는지 확인하라. 글로 의사를 전달하는 것이 더 편하면, 내용을 복사해서 돌려도 좋다.

상대방의 말을 귀담아듣는 데는 연습이 필요하다. 말하자면 일종의 경청기술인데, 이것을 완전히 습득하도록 노력해야 한다. 이것은 직장에서의 인간관계 개선, 상호작용 증가, 생산성 향상 등의 효과가 있다.

❶ 동료의 말에 귀 기울임으로써 새로운 정보를 얻고 그와 사이가 좋아질 수 있는 기회를 찾는다. 예를 들면 어떤 동료와 대화를 나누다가 다소 흥분하거나 기분이 나빠지는 경우가 바로 좋은 기회다.

❷ 일단 자기 생각은 완전히 접어둔다. 지금 중요한 것은 정보수집이기 때문이다. 정보 수집에 어느 정도의 시간을 투자할지 결정한다.

❸ 이때 다른 데는 신경 쓰지 않는다. 아주 진지한 자세로 동료의 말에 귀를 기울인다. 이것은 바로 "난 당신의 말에 관심이 있습니다. 당신의 입장을 이해하고 싶습니다"라는 말과 같다.

❹ 동료가 말하는 도중에 끼어들지 않는다. 이해되지 않는 점이 있으면, 질문을 해서 제대로 이해한다.

❺ 동료의 말을 요약한 뒤 그것이 맞는지 확인한다.

❻ 생각할 시간이 필요하면, 동료에게 그렇게 말한다. 대화가 끝나면 동료에게 감사의 인사를 한다. 그리고 나서 대화를 통해 무엇을 얻었는지, 어떤 느낌이 들었는지, 무엇이 변했는지 점검한다.

흠 잡히기 좋아하는 사람은 없다. 그리고 흠 잡기를 즐기는 사람도 많지 않을 것이다. 물론 남의 흠을 잡으면서 쾌감을 느끼는 사람도 있기는 하다. 사실 누군가 부당하게 우리의 잘못을 지적하면 기분이 상하고 화가 나기 마련이다. 그런데 직장생활을 하다보면 잘못을 지적 당하는 것을 피할 수 없다.

비판은 우리의 행동에 대한 다른 사람의 의견이다. 우리의 행동 방식에 문제가 있다고 생각하는 사람들은 우리에게 잘못을 지적한다. 그런데 어떤 식으로 비판하는가에 따라 그것의 타당성 여부가 결정된다. 적절한 비판은 긍정적인 계기가 되지만 부당한 비판은 서로 감정만 상하게 될 수 있다. 부당하게 비판받으면 나의 잘못이 무엇인지 돌아보기 이전에 우선 화가 먼저 난다. 이 경우 우리는 억지로 참을 수도 있고, 적극적으로 해명할 수도 있다.

비판은 단지 누군가의 의견일 뿐이며 아무리 엉터리 비판도 귀담아들을 구석이 있다는 점을 명심하라. 비판은 인신공격이 아니고, 인신 공격이 되어서도 안 된다. 그러므로 우선 감정을 자제하고 진지하게 귀담아듣는 것이 좋다.

사람들이 지적한 당신의 잘못은 무엇인가? 당신의 생각과 어떻게 다른가? 혹시 당신이 미처 알아채지 못한 점을 지적하지는 않았는가? 사람들이 그렇게 보는 이유가 이해되는가? 그들은 상황을 어떻게 보는가?

요컨대 잘못을 지적당하더라도 마음상할 필요는 없다. 오히려 전화위복의 기회로 삼는 것이 좋다.

❶ 남에게 잘못을 지적당하면 육체적·정신적 변화가 일어난다. 일단 숨이 가빠지고 에피네프린이 분비되고, 기분이 상하거나 화가 난다. 이러한 증상을 잘 관찰한 뒤 심호흡을 통해 마음을 진정시키는 것이 좋다.

❷ 고의적인 인신공격은 어쩔 수 없지만, 선의의 비판은 긍정적으로 받아들여야 한다. 비판의 핵심에 귀를 기울이고 자신의 잘못을 곰곰이 생각해야 한다. 사람들이 비판하는 점은 무엇인가? 그들의 지적은 타당한가?

❸ 잠시 생각할 시간을 갖는다. 잘못을 지적해 준 사람에게 감사의 뜻을 전하고, 아직 잘 이해되지 않는 점이 있으면 주저없이 묻는다. 지적 사항을 진지하게 생각한 뒤 잘못을 고치겠다고 말한다.

❹ 지적 사항을 다시 생각한다. 사람들의 비판을 변화여행을 경험하는 좋은 계기로 삼는다. 혹시 비판받은 뒤 새로운 면이 보이지 않는가? 비판에서 얻은 교훈을 명심한다. 만일 부당하다고 생각되는 부분이 있으면, 일단 선의는 받아들이되 적극적으로 해명할 방법을 찾는다. 아마 사물을 새로운 시각에서 바라보고 최선의 해법을 찾을 수 있는 좋은 기회가 될 것이다.

★●▲◆♥

혹시 직장에서는 오로지 일에만 집중하고 감정은 억제해야 한다고 믿고 있지는 않는가? 직장에서 감정 표현을 자제하는 편인가? 고민에 빠진 동료의 모습은 영 보기가 싫은가? 설령 그렇더라도 우리만 그런 것이 아니다.

이제 잠시 우리가 스스로 설정해 놓은 한계를 살펴보자. 아무리 우리가 이성적이라도 감정이 생기는 것을 막을 수는 없다. 사실 이것은 사람이라면 당연한 현상이다. 성공에 따른 환희, 실패에 따른 절망, 지루함, 흥분, 분노 등 직장에서는 여러 감정을 느낄 수밖에 없다. 이 사실을 인정하지 않으면 오히려 스트레스가 쌓이고 업무 효율이 떨어진다.

위대한 지도자들의 지도력은 그들의 뛰어난 지성뿐만 아니라 감정, 영혼, 열정, 직관 등에 의해 빛난다. 세상에는 감정적인 차원에서 접근해야 할 부분이 있는 법이다. 예를 들어 어떤 어려운 목표를 달성하려면 이성적인 차원의 의무감보다는 감정적인 차원의 동기가 있어야 한다. 어떤 일에 실패한 뒤 시무룩해 하는 부하직원들을 어떻게 독려하는 것이 좋을까? 그들은 이미 무엇이 문제인지 잘 알고 있다. 당장 그들에게 필요한 것은 애정어린 공감과 격려다. 세상은 논리적인 설명으로는 부족한 부분이 많다. 그곳은 감정으로 채워야 한다.

그렇다면 직장에서 감정을 어떻게 적재적소에 발휘할 수 있을까? 가장 먼저 할 일은 동료들과 조금씩 친해지는 연습을 하는 것이다. 예를 들면 출근해서 즐겁게 인사를 하거나 신세를 진 사람들에게 반드시 감사의 뜻을 전하거나 동료들의 말에 귀 기울이는 방법이 있겠다. 하지만 가장 효과적인 방법은 동료들과 어울리면서 "자네 집사람 수술은 잘 됐어?", "어제 테니스 경기는 이겼어?"라는 식으로 그들의 개인적인 문제에 접근하는 것이다. 상대방에게 다가갈 때는 이쪽도 마음을 조금씩 열어야 한다. 이렇게 동료들을 대하면 분명 그들도 달라진다. 참고로 어느 회사의 간부는 이렇게 말했다.

"지금 우리 팀은 예전보다 훨씬 더 단합이 잘 됩니다. 제가 부하직원들에게 관심을 갖기 시작한 덕분이지요."

시간 관리를 못하겠어요

피곤에 찌든 어느 직장인이 "하루가 26시간이나 27시간이었으면 좋겠어요. 늘 할 일이 너무 많거든요" 하고 말한 적이 있다. 그런데 그는 밤낮을 가리지 않고 주말에도 일하는 사람이었다. 하지만 그에게 부족한 것은 시간이 아니라 시간관리 요령이었다. 그는 바쁘게 일하는 것과 효율적으로 일하는 것을 혼동했는데, 그 결과 가장 중요한 일보다는 가장 급한 일을 먼저 처리하곤 했다.

시간 관리를 잘 하면 일하는 데 큰 도움이 될 것 같은가? 그렇다면 앞으로 2주일 동안 자기 자신의 행동을 관찰하고 기록하라. 우선 다음 질문을 던져보자. 나는 미리 치밀한 계획을 세우기보다 그때그때 가장 시급한 일부터 처리하는가? 미리 계획을 세웠을 경우 실제 일처리가 예상보다 빠른가, 늦은가? 얼마나 자주 일에 집중하지 못하는가? 집안일을 하는 데 얼마나 시간을 뺏기는가? 다른 사람에게 맡길 수는 없는가? 하루 중 언제 가장 일이 잘 되는가? 무엇 때문에 시간 관리를 못한다고 생각하는가?

매일 이렇게 질문한 뒤 답변을 적는다. 2주일 동안 이렇게 하면 분명 나의 시간 관리의 취약점이 드러날 것이다. 다행히 앞서 말한 직장인은 훗날 이렇게 말했다.

"나는 시간 관리에 해로운 요소가 무엇인지조차 알지 못했습니다. 사소한 일은 남에게 맡길 수도 있었는데 괜히 거기에 신경 쓰곤 했지요. 이젠 절대 그럴 일 없을 겁니다."

시간 관리를 잘 못하더라도 너무 걱정할 필요 없다. 체계적으로 일할 자세만 되어 있으면, 곧 시간관리 문제도 해결할 수 있다. 다음 6가지 방법은 이미 효과가 입증되었다. 앞으로 한 달 내내 최선을 다해 반드시 실천하면, 분명 예전의 실수를 반복하는 일이 없을 것이다.

- 하루나 1주일 전에 미리 업무계획을 세운다. 매일 아침 몇 분 동안 그날 할 일과 가장 중요한 일을 점검한다. 가장 급한 일보다 가장 중요한 일을 먼저 처리하도록 한다.
- 가장 어려운 문제를 먼저 처리한다. 심호흡을 하고 일에 돌입한다. 문제를 해결하려고 애쓰면, 묘한 희열을 느낄 것이다.
- 목표가 확실하고 현실적이어야 한다. 새로운 일을 계획할 때는 그것을 실현 가능한 부분으로 세분하고, 진전 상태를 평가할 방법을 결정하며, 다른 부서와 협력 체제를 구축해야 한다. 그리고 동료나 상사와 의논하고, 목표를 달성할 적절한 기한을 정하고, 만일의 사태에 대비할 계획도 세워야 한다. 아무리 치밀한 계획도 예상치 못한 변수 때문에 차질을 빚을 수 있기 때문이다.
- 솔직하고 단호하게 거절할 수도 있어야 한다.
- 일에 방해가 되고 집중력을 흩트리며 시간을 뺏는 요소를 적절히 차단한다.
- 필요한 경우에는 일정 권한을 동료나 부하직원에게 위임한다.

하루 일과는 보통 이메일, 편지, 서류 등을 처리하고 보고서를 제출하고 회의에 참석하면 될 것처럼 보인다. 하지만 실제로는 그렇지 않다. 뜻밖의 훼방꾼이 늘 생기기 때문이다. 일을 시작하기 무섭게 누군가 찾아오거나 전화벨이 울리는 등 갖가지 일이 생긴다. 결국 하루 종일 다시 일에 집중하는 데 시간을 더 많이 보낼 정도다. 덕분에 일을 제대로 하지 못한다.

연구에 따르면, 이처럼 사소한 일이 가장 짜증스런 업무방해 요소라고 한다. 어느 마케팅 담당자는 이렇게까지 말하곤 한다.

"가끔 나는 사무실 문을 잠그고 귀마개를 한 채 '꺼져!'라는 표지판을 붙이고 싶을 때가 있습니다. 그렇게 해서라도 일을 하고 싶은 심정이라니까요."

그런데 방문객이나 전화벨 소리 같은 훼방꾼이 이토록 심각한 영향을 미치는 이유는 무엇일까? 여기에는 두 가지 근본 원인이 있다. 첫째, 우리 머릿속에는 이미 시간 관리를 잘해 일을 잘 마무리짓는 이상적인 모습이 자리잡고 있기 때문이다. 일정한 기대치가 있는 것이다. 따라서 업무 시간에 계속 방해를 받으면, 하루 일과가 엉망이 되고, 결국 자신의 기대치에 미치지 못한 데 따른 좌절감을 느낀다. 둘째, 훼방꾼은 일을 잘 마무리지은 뒤의 만족감을 빼앗아 가버리기 때문이다.

그러므로 절대 방해받지 않고 일을 해야 할 때에는 적절한 해법을 찾아야 한다. 예를 들면 사무실 문을 닫거나 귀마개를 하면서 방해받기 싫은 내색을 하는 것이 좋다. 어느 IT업계 종사자는 방해받지 않으면서 복잡한 프로그래밍 작업을 하고 싶은 나머지 자기 컴퓨터 위에 붉은 깃발을 꽂아두었는데, 그것은 '나중에 봅시다'라는 뜻이었다고 한다. 훼방꾼을 만나기 전에 적어도 한두 가지 일을 미리 해놓는 것도 좋은 방법이다. 이렇게 하면 업무 만족도가 높아지고 긴장 해소에도 도움이 된다.

만일 팀장이라면, 팀원들의 질문과 요구사항이 과연 업무방해 요소가 되는지 곰곰이 생각해 볼 필요가 있다. 사실 팀원들을 이끄는 사람은 바로 우리 자신이다. 업무방해 요소를 처리하는 것 역시 우리 일이라는 점을 받아들이면, 상황을 보는 눈이 달라질 것이다. 이런 점에서 볼 때 차라리 업무방해 시간을 인정하는 편이 낫다. 굳이 시간을 정할 필요는 없지만, 하루에 2시간 정도는 업무방해 시간이 생길 것으로 미리 각오하는 것이 좋다.

아울러 업무 시간을 융통성 있게 조정하면 필수적인 업무를 처리하는 데 도움이 된다. 예를 들면 업무가 많으면 회사에서 밤 늦게까지 일하는 대신 1주일에 며칠씩 아침 일찍 출근해 일을 처리하면 효과적이다. 아니면 1주일에 하루는 집에서 일하는 것도 좋은데, 물론 집에 별다른 방해 요소가 없을 때의 얘기이다.

어느 회사의 고위간부가 내게 이런 말을 한 적이 있다.

"차라리 자동차 사고라도 났으면 합니다. 물론 크게 다치지는 말고 그냥 다리 하나만 부러졌으면 좋겠어요. 그러면 몇 주 동안은 쉴 수 있으니까요."

얼마나 일에 대한 부담을 많이 느꼈으면 저런 상상을 했겠는가.

할 일이 늘 산더미같이 쌓여 있는 상황이라면 적절한 대책을 세워야 한다. 알다시피 이러한 만성적인 부담감은 건강을 해칠 수 있다. 우선 상황을 정확히 파악하는 것이 중요하다. 왜 그토록 일이 많은가? 혹시 거절을 잘 못하기 때문인가? 만약 그렇다면 앞으로 할 말을 하는 법을 배울 필요가 있다. 아니면 상사에게 만능직원으로 인정받고 싶기 때문인가? 혹은 나 아니면 안 된다는 생각 때문인가? 하지만 현실은 다르다. 내 다리가 부러져 결근하더라도 회사는 별탈 없이 잘 돌아간다.

그러므로 일이 많이 쌓여 있을 때 나에게 어떤 증상이 나타나는지 잘 관찰할 필요가 있다. 나의 마음과 생각 그리고 몸이 어떻게 반응하는지 자세히 점검하라. 우선 지나친 업무 부담의 증상을 알면 앞으로 증상이 악화되는 것을 예방하기 쉬워진다.

　　다음 단계는 상사에게 사정을 털어놓는 것이다. 그런데 만약 내가 약한 모습을 보이기 싫은 나머지 솔직히 털어놓기를 꺼려 한다면, 그것은 고쳐야 할 사고 방식이다. 자신을 아끼지 못하는 사람이 어떻게 다른 사람들이 자신을 아껴주길 바랄 수 있겠는가? 따라서 솔직히 사정을 털어놓으면 된다. 되도록 감정은 배제하고 그저 자신이 느끼는 무거운 업무 부담을 솔직히 말하면 된다. 만일 이 방식이 부담스러우면, 상사에게 몇 가지 대안을 제시하고 나중에 면담을 통해 문제를 다시 의논해도 좋다.

　　일정 기간 동안 업무 부담을 심하게 느끼면 그것은 삶이 균형을 잃고 있다는 증거다. 이때는 상사와 현실적인 대책을 의논하고, 삶에 만족을 느끼고 여유를 가지기 위해 어떻게 해야 할지 생각하는 것이 좋다(실습 9 참고). 만약 매일 밤 늦게까지 일하는 처지라면, 당장 일을 멈춰라. 앞으로 한 달 동안은 절대 과로는 삼가해야 한다. 일을 혼자 도맡아 하지 말고 부하직원이나 동료들에게 맡겨라. 완벽을 추구할 필요는 없다. 그저 최선을 다하는 데 만족하라. 계속해서 과로하면 무엇보다도 몸이 견디다 못해 두뇌에 이런 신호를 보낼 것이다.

　　‘이건 말도 안 돼! 내가 죽어야 속이 시원하겠어?’

　　결국 삶의 균형을 회복하기 위한 규칙적인 연습이 필요한 이유는 여기에 있다.

직장생활과 가정생활의 균형을 맞추는 것은, 특히 기혼자들에게 어려운 일이다. 사실 어떤 식으로 균형을 맞추든 간에 일종의 죄책감을 느끼게 된다. 이것은 직장인이라면 남녀를 불문하고 나타나는 현상인데, 이곳저곳 바삐 돌아다니며 힘들게 일하는 직장인들에게 직접 그 심정을 들어보면 잘 알 수 있다. 그들은 집에 너무 늦게 들어오고 그나마 집에 들어오지 못하는 날도 많아 가족에게 항상 미안함을 느끼지만, 가족을 부양하려면 회사에서 며칠씩 밤을 새며 일해야 할 때가 있다.

퇴근 후 집에 오면 쉬고 싶은 마음이 굴뚝 같지만, 이번에는 아이들이 가만있지 않는다. 물론 대부분의 부모는 아이들을 사랑으로 돌본다. 하지만 그것도 한계가 있는 법이다. 특히 맞벌이 부부 중 여자들은 더욱 힘들다. 연구에 따르면, 맞벌이 부부 중 아내가 가사노동과 자녀양육 등 더 많은 일을 맡는다고 한다.

이런 현상이 빚어지는 이유는 무엇일까? 아마 우리가 삶의 균형을 맞추며 사는 방법을 모른 채 그저 열심히 최선을 다해 일하는 것만 중요시하기 때문이다. 혹은 지금 겪고 있는 상황에 대해 둔감하기 때문일 수도 있다. 어느 경우든 간에, 직장과 가정에서 할 일이 너무 많은 데 따른 부담감은 느껴보지 않은 사람은 모른다. 그런데 대책을 세우지 않으면 그 부담감은 절대 사라지지 않는다.

대책을 세우려면 우선 상황을 정확히 파악해야 한다. 일단 가정생활에 부담을 주는 직장생활의 모든 요소를 적는다. 예를 들어 주말에도 출근해 일하면 배우자가 가사노동을 도맡아 해야 하는 상황인가? 밤 늦게까지 일하다 퇴근해서 부부 사이가 나빠지는가? 다음에는 가장 큰 문제를 일으키는 요소부터 순서대로 정리한 뒤 그 순서에 따라 하나씩 해결책을 찾아본다. 예를 들면 만약 학부모 회의에 참석해야 할 때 회사측에 양해를 구해 업무 시간을 조정하는 방법이 있다.

다음에는 여러 문제 요소에 일정한 패턴이 있는지 살펴본다. 혹시 시간 관리에 문제가 있는가? 아니면 근무시간 자유 선택제를 통해 해결할 수 있는 문제는 없는가? 혹은 상사에게 단호한 자세로 할 말을 못하지는 않는가? 일을 다른 사람들에게 맡길 수는 없는가? 좀더 체계적으로 생활하면 압박감이 줄어들지 않을까?

이처럼 작지만 의미 있는 변화에 성공하면, 압박감에 시달리며 오로지 일만 하는 것과 직장생활과 가정생활을 두루 잘 해내는 것 사이의 차이가 뚜렷하게 드러난다. 어느 훌륭한 사장이 깨달았듯이, 나 자신이 더욱 행복하고 건강하고 편안해야 직장생활도 즐거워진다.

어떤 권한이 주어질 경우 사람들의 반응은 다양하다. 경험이 부족하거나 자신감이 없는 사람들은 오히려 비교적 엄격한 통제를 선호하는 반면, 경험이 많고 유능하고 자신감 넘치는 사람들은 엄격한 통제를 싫어한다. 그들은 일단 현황을 간략히 파악한 뒤 자기 판단과 결정대로 일을 처리하기 원한다.

만약 내가 후자에 속하면, 상사가 결정권을 맡기지 않을 경우 섭섭할 것이다. 즉 상사가 나의 판단을 믿지 않는 것으로 생각하기 때문에 일에 대한 열의가 사라질 것이다.

이러한 상황에는 대책이 필요하다. 상사와의 관계는 업무를 잘 수행하고 능력을 개발하는 데 아주 중요한 역할을 하기 때문이다. 이것은 직장인들에게 가장 중요한 관계일지도 모른다.

상사가 나를 믿지 않고 일정한 권한을 주지 않는 데는 몇 가지 이유가 있다. 첫째, 단순히 나의 속마음을 모르기 때문이다. 지금까지 상사는 부하직원들을 엄격하게 관리하는 데 익숙하고 그 방식이 효과적이라고 생각할지 모른다. 둘째, 권한을 줄 경우 내가 일을 제대로 처리하지 못할까 걱정하기 때문이다. 이것은 반드시 나의 능력에 대한 불신이 아니라 단지 상사의 과거 경험이 작용한 것일 수 있다. 셋째, 일이 잘못될 경우 자신에게 미칠 불이익을 걱정하기 때문이다. 이때문에 상사는 부하직원들을 엄격히 통제해야 마음이 놓인다.

그런데 이런 문제를 상사에게 털어놓기 전에 일단 현재의 관계를 곰곰이 생각할 필요가 있다. 상사와의 관계에서 그나마 원만한 부분은 그것을 더욱 발전시킬 방법을 연구해야 한다. 만약 권한을 줄 경우 생길지 모르는 나쁜 결과 때문에 상사가 권한을 주지 않는 것 같으면, 상사의 걱정을 덜어줄 방법을 생각하라.

예를 들면 지금 상사가 가장 중요시 여기는 목표가 무엇인지 잘 알고 있는가? 그 목표를 달성하는 데 우리는 어떤 도움을 줄 수 있는가? 상사는 평소 무엇을 가장 우선시하는가? 만약 상사가 고객만족을 가장 우선시한다면, 우리도 고객만족을 최고 덕목으로 삼는 편이 현명하다.

이제 직접 상사에게 말할 차례다. 권한이 적어 느끼는 실망감을 얘기하고, 우리 능력을 발휘할 기회를 주면 고맙겠다는 뜻을 전하고, 앞으로 권한을 줄 경우 거기에 따라 일을 처리한 것을 다시 보고할 약속을 정하라. 이것은 상사를 안심시키는 데 도움이 된다. 상사와 우리 사이의 책임소재를 분명히 하고, 부여된 권한을 정확히 기록하라. 반드시 상사와 협의를 통해 부여된 권한의 범위를 정하라. 내가 결정한 뒤 반드시 보고해야 하는 것과 보고할 필요가 없는 것으로 구분하자. 만일 상사에게 꼼꼼히 보고하면, 상사는 점차 권한을 더 많이 부여할 것이다. 이것은 바로 서로 믿음이 생겼다는 증거다.

어느 유능한 여성 회계사는 1주일에 3일씩 출근할 생각으로 출산 후 6개월 만에 직장으로 돌아왔다. 비록 6개월이라는 공백 기간이 있었지만 순조롭게 업무에 복귀했다. 그런데 회사 분위기가 상당히 바뀌어 있었다. 잠시 그녀의 말을 들어보자.

"단지 내가 시간제로 일하기 때문인지 몰라도 내게 사정을 설명해 주는 사람이 없어요. 무슨 일을 결정할 때도 나를 빼놓습니다. 물론 그건 이해할 수 있어요. 하지만 정말 황당한 것은 나중에라도 그 결정 내용을 알려주는 사람이 없다는 사실이에요. 한참 뒤에야 우연히 결정 내용을 알게 되는 적이 한두 번이 아니거든요. 아마 나는 안중에 없나 봅니다."

의논 과정에서 배제되면 소외감을 느끼거나 자존심이 상할 수 있다. 만약 예전에는 자기 의견이 반영되었지만 갑자기 상황이 달라지면, 사람들이 마치 '당신의 견해는 전혀 중요하지 않아. 우린 신경도 안 써' 하고 말하는 듯한 느낌이 들기 때문에 실망하거나 화가 날 것이다. 그런데 당신이 평소 자신을 그다지 높이 평가하지 않으면, 상황은 더욱 꼬인다. 의논 과정에서 배제되는 상황에서는 괜히 부정적인 상상을 하지 않는 것이 중요하다. 오히려 이때는 의논 과정에서 배제되는 이유를 냉정하게 추측해야 한다.

　첫째, 당신이 시간제 근무를 하거나 자주 고객과 만나느라 사무실을 비우거나 집에서 일할 때가 많기 때문일 수 있다. 물론 이 3가지 때문에 의논 과정에서 배제되는 것은 타당하지 않지만, 어쩔 수 없는 현실이다. 동료들은 자기 일을 처리하는 데 바쁘기 때문에 우리에게 신경 쓸 여유가 없다. 둘째, 우리가 신입사원이거나 그 방면에 초보이거나 의견을 적극적으로 표현하지 않는 편일 경우 그다지 도움이 되지 않을 사람으로 여기기 때문일 수 있다. 셋째, 간부들이 자기 마음대로 일을 추진하기 위해 고의로 배제하는 경우도 있을 수 있다.

　자신이 의논 과정에서 배제되는 이유를 파악한 뒤 할 일은 입을 여는 것이다. 하지만 별다른 도움을 줄 위치에 있지 않은 동료들을 붙들고 하소연해 봐야 소용없다. 상황을 개선해 줄 수 있는 책임자에게 말해야 한다. 다만 의기소침해 있거나 화를 내는 등 부정적인 모습을 보일 필요는 없다. 대신에 의논 과정에서 배제되는 상황을 찬찬히 설명하고 그로 인해 받는 부정적인 영향을 간단히 말하라. 그 다음에는 당신이 의논 과정에 참여할 경우 생길 긍정적인 효과를 설명하면 된다.

　어쩔 수 없이 사무실을 자주 비우는 경우면 다른 사람들과 쉽게 연락할 수 있는 수단을 강구하고, 단지 별 볼일 없는 사람이라는 평가를 받는 경우면 실제로 얼마나 쓸모 있는 아이디어를 많이 갖고 있는지 보여줄 필요가 있다. 그리고 함께 의논하고 싶은 사람이라는 인상을 주는 노력도 필요하다.

어느 정도 신뢰를 쌓은 뒤에는 그것을 유지하는 데 최선을 다해야 한다. 의논할 만한 사람이라는 평가를 받도록 부단히 노력하라. 분명 나의 의견이 존중받을 날이 올 것이다.

만성적인 압박감은 세심하게 대처해야 한다. 그런데 도움의 손길이 없어 소외감을 느낄 경우에는 상황이 더 악화된다. 아무리 강인한 정신력의 소유자도 적절한 도움 없이 직장생활을 하기는 힘들다. 만일 아무도 도와줄 사람이 없다고 생각되면 대책을 마련해야 한다.

우선 소외감을 느끼는 이유가 스트레스를 제대로 해소하지 못하기 때문인지 여부를 파악해야 한다. 여기에는 실습 4가 도움이 된다. 근심 걱정 때문에 모든 일을 혼자 처리하려고 하는가? 아니면 극심한 압박감에 시달리면 다른 사람들과 아예 접촉하지 않는가? 많은 사람이 이런 이유로 소외감을 느끼는데, 스트레스를 잘 해소하면 사람들과 다시 어울릴 수 있다.

만약 도움이 필요한 상황이면, 확실하고 사실에 입각한 방식으로 접근해야 한다. 사람들에게 동정을 구하는 것은 오히려 역효과를 낼 수 있다. 왜냐하면 그들도 나름대로 압박감을 느끼고 있기 때문이다. 상사에게 사실을 있는 그대로 털어놓으면, 필요한 조치를 취해 줄 것이다.

그러므로 다음 사항을 찬찬히 생각해야 한다. 정말 도움이 필요한가? 정말 누군가 도와줘야 하는가? 누군가 도와줘야 하는데 그렇게 하지 않는가? 아니면 나를 도와줄 책임이 있는 사람이 아예 없는가?

어느 경우든 간에 우선 자신에게 필요한 것을 정확히 파악해야 한다. 사소해 보이지만 이것이 가장 중요한 핵심이다. 내게 필요한 도움이 무엇인지 또 그것이 언제 얼마나 자주 필요한지 상세하게 적는다. 이때 스스로를 동정하지 말고 객관적인 시각을 유지하도록 노력한다. 아울러 만약 적절한 도움을 받게 된다면 업무 효율과 생산성이 얼마나 높아질지 예측해 본다.

다음에는 이 상황을 누구에게 의논할 것인지 생각한다. 이왕이면 실질적인 도움을 줄 위치에 있는 사람들이 좋다. 그들과 의논할 약속을 잡는다. 단 불평하는 듯한 인상을 주지 않기 위해 상황을 대충 얼버무리지 말고 솔직히 털어놓는 것이 중요하다. 물론 다른 사람 탓을 하거나 일방적으로 불만을 터트리지도 말아야 한다.

어느 여성 직장인의 예를 살펴보자. 그녀는 아주 유능한 덕분에 주어진 업무를 모두 잘 처리했지만, 점점 업무량이 늘어만

갔다. 참다 못한 그녀는 상사에게 일을 포기하려는 것은 아니지만, 혼자 일을 모두 처리하려면 기한을 더 늘여줘야 한다고 말했다. 상황을 자세히 파악한 상사는 그녀의 업무량이 너무 많은 것을 알고 깜짝 놀랐고, 즉시 업무량을 줄여주었다.

★ ● ▲ ◆ ♥

매너리즘은 나 자신도 모르게 찾아오는 불청객이다. 사실 매일 똑같은 일이 반복되면 눈 감고도 척척 일을 해낼 수 있을 정도다. 물론 일단 일이 익숙해지면 편한 점도 있다. 하지만 시간이 갈수록 편안함은 불편함으로 변한다. 아무런 변화가 없기 때문에 미래에 대한 관심이나 도전 의식이 생길 리 없고, 점점 따분하고 활력이 떨어진다.

이 상황을 극복할 수 있는 유일한 사람은 바로 당신 자신이다. 따라서 다람쥐 쳇바퀴 돌아가는 듯한 업무에 어떤 문제의식을 느꼈으면, 상황을 정확히 파악해야 한다. 지금 같은 상황에 처한 이유는 무엇인가? 앞으로 어떻게 대처할 것인가? 다른 업무를 맡고 싶은가? 아니면 현재 업무를 다른 식으로 처리하고 싶은가? 상황을 파악하고 그에 맞는 대안을 마련했으면, 상사에게 사정을 털어놓는다. 그동안 상사는 당신이 처한 상황을 잘 모르고 있었을 것이다. 그러므로 자세하고 적극적으로 상황을 설명하라. 이것만으로도 상황이 나아지는 경우도 많다.

그런데 이와 달리 근본적인 변화가 필요할 때가 있다. 이때는 지금까지 얻은 기술과 경험을 토대로 흥미진진하게 도전할 만한 분야가 있는지 생각하라. 그것을 이루려면 무엇을 어떻게 해야 하는가?(실습 16 참고) 새로운 목적지로 방향을 잡은 것은 변화여행에 접어든 것이므로, 치밀한 자기 관리를 통해 활력과 의욕을 유지해 더욱 알찬 경력을 많이 쌓고 빛나는 성공을 맞이하기 바란다.

매너리즘에 빠졌을 때는 자신이 진정 원하는 것이 무엇인지 진지하게 고민하면 도움이 된다. 비전을 세우면, 강한 목표 의식이 생긴다.

❶ 정말 우리에게 중요한 것들이 무엇인지 생각해 본다. 우선 필수 항목을 작성한다. 필수 항목에는 월급, 재산, 주택처럼 실용적인 요소와 개성, 자율성, 창의성 같은 개인적인 요소가 포함된다. 다음에는 지향 항목을 작성하는데, 여기에는 우리가 윤리적으로 사는데 중요한 모든 요소가 포함된다. 우선 이들 항목을 작성한다. 아마 며칠 정도 걸릴 것이다. 지금 우리는 꿈을 이루기 위해 밭을 갈고 씨를 뿌리는 중이다.

❷ 모든 항목을 적은 뒤에는 목표를 달성할 기한을 정한다. 기한은 아마 1년, 3년, 5년, 10년 등일 수 있다. 다음에는 조용히 앉아 눈을 감고 다음과 같은 상상을 해본다.

'만일 내가 꿈을 이룬다면, X년 후에는…… 하고 있을 텐데……' 이때는 그저 마음 편히 상상하면 된다. 꿈을 이룬 자신의 느낌과 모습 등을 마음껏 상상하라.

❸ 다시 현실로 돌아와 꿈을 이루는 데 필요한 단계를 하나씩 생각해 본다. 예를 들어 5년 안에 회사의 사장이 되는 것이 목표라면, 앞으로 어떤 단계를 밟아야 할지 생각한다.

❹ 지금 당장 첫 단계를 시작한다.

가끔 우리는 특별한 사전정보 없이 어떤 일을 처리해야 할 때가 있다. 어느 회사의 간부의 예를 살펴보자. 그는 평소 바라던 대로 새로운 부서로 옮겼다. 부서를 옮긴 뒤 처음 몇 주일 동안은 상사가 자리를 비운 상태라서 일하기가 어려웠지만, 최선을 다해 업무를 익혔다. 그런데 상사가 돌아온 뒤에도 사정은 마찬가지였다. 믿기 어려울지 모르겠지만, 그는 새로운 업무에 대해 아무런 설명을 듣지 못했다.

몇 달 뒤 그는 다음과 같이 불만을 털어놓았다.

"가장 난감한 점은 상사가 내게 무엇을 기대하는지 모르는 것입니다. 전 그냥 눈치만 볼 뿐이죠."

물론 직접 상사에게 업무에 대해 묻는 방법이 가장 확실한 돌파구였지만, 부서를 옮긴 지 상당한 시간이 지난 터라 그것도 여의치 않았다.

"대체 우리 부서로 온 지 얼마나 지났는데, 이제 와서 그런 질문을 하는 거요?"

이런 면박을 당하는 것이 두려웠던 것이다. 그래서 우리는 그에게 다른 전략을 권했다. 우리의 권고에 따라 그는 상사를 만나 앞으로 처리할 업무에 대한 자신의 생각을 설명하고, 그것이 부서의 장기적인 계획과 맞는지 물어보았다. 예를 들어 그의 생각에 문제가 있으면, 상사가 그것을 지적할 것이고, 결국 그는 상사의 의중을 파악할 수 있는 것이다.

이처럼 새로운 환경에 처할 경우에는 새로운 업무의 성격을 빠르고 정확하게 파악하는 것이 중요하다. 따라서 모르는 부분을 완전히 이해할 때까지 끊임없이 질문을 해야 한다. 물론 기존 업무에 익숙한 사람들이 미리 자세히 설명해 주는 것이 옳겠지만, 그것을 마냥 기다리고 있을 수는 없다. 새로운 업무를 익히기 위해 질문을 많이 하는 것을 꺼릴 필요는 없다. 질문을 많이 하는 것은 무능한 사람이기 때문이 아니라 오히려 유능한 사람이기 때문이다. 새로운 환경에 적응하는 데는 질문이 최선의 방법이다.

그런데 질문을 해도 확실한 대답을 듣지 못하는 경우가 있다. 이때는 계속 도움을 기다리기보다는 스스로 할 일을 결정하는 것이 좋다. 얻을 수 있는 모든 정보를 통해 치밀한 계획을 세워라. 물론 이것은 혼자의 힘으로 하기는 힘들 것이다. 따라서 다른 사람들과의 의논을 통해 내 생각의 허점을 보강해야 한다. 이때 유의할 점은 의논 상대를 선택하는 문제다. 당신의 실패로 이익을 볼 사람과는 절대 의논해선 안 된다.

업무 내용은 대강 파악했지만, 업무량이나 업무 목표를 정확히 모를 경우에도 미리 선수를 칠 필요가 있다. 물론 업무를 잘 처리해서 상사에게 좋은 인상을 주고 싶은 마음이 간절하겠지만, 명확한 가이드라인이 없는 상태에서는 스스로 판단해 일을 처리해야 한다. 기본적으로 업무 능력 수준이 어느 정도인지 스스로 판단하라. 만일 "우리가 제가 어느 정도 높이 뛰어야 합니까?"
하고 물으면, 대부분의 상사는 "좀더 높이!"라고 말할 수밖에 없
다. 그러므로 우리 스스로 상식적인 판단을 통해 업무량이나 업
무 목표를 파악해야 한다.

혹시 우리는 모든 업무를 낱낱이 파악하고 빈틈없
이 추진해야 마음이 놓이는 완벽주의자인가? 만
약 그렇다면 아마 편안한 직장생활을 하기는 힘들 것이다. 어떤
업무의 마감 기한이 다가오면 흔히 우리는 시간에 쫓긴 나머지
도움의 손길을 아쉬워하는 반면 믿을 만한 사람이 없어 발을 동
동 구를 때가 많다.

이 같은 사고 방식은 바람직하지 않다. 동료들을 믿지 못한
채 모든 일을 자기 혼자 끌어안고 끙끙대면, 결국 제 풀에 지쳐버
리고 동료들의 사기도 떨어진다. 어느 부지런하고 책임감 강한
남성 직장인은 자신을 믿지 못하고 모든 일을 혼자 처리하려는
상사에 대해 다음과 같이 말했다.

"그녀는 내가 일을 제 시간에 처리하지 못할 걸로 생각합니

다. 그래서 늘 나를 감시하고 재촉하죠. 그럴 때마다 난 마치 10살 먹은 애 같은 기분이 든다니까요."

사실 그런 상사가 있으면 직원들은 무척 짜증나기 마련이다. 우리가 동료들의 능력을 믿지 못하면, 아무리 유능하고 부지런한 사람들이라도 짜증이 나고 심지어 어떤 모욕감을 느낄 수도 있다.

만일 당신이 동료들을 믿지 못해 일을 맡기지 않는 편이라면, 그것은 지나치게 실패를 걱정하기 때문이다. 지금까지 삶을 통해 어떤 일을 하다 보면 늘 실패의 가능성이 있음을 알고 있다. 따라서 실패하지 않기 위해 최선을 다한다. 사실 실패하고 싶은 사람은 어디에도 없다. 하지만 실패를 완전히 피할 수는 없다. 따라서 오히려 실패를 통해 교훈을 얻는 것이 더욱 중요하다.

오늘날 직장생활에서 업무 분담은 아주 긴요한 일종의 기술이다. 우선 내가 처한 현실을 파악하라. 과거 경험상 동료들 중에 혹시 일을 믿고 맡기기 어려운 사람이 있으면, 그들에게는 일을 맡기지 않는 것이 좋다. 예전에 이미 믿음을 저버린 사람들을 일단 제외한 뒤에는 나머지 믿을 만한 사람들에게 일을 맡기는 방법을 연구할 필요가 있다.

혹시 우리 주위에 업무 분담에 능한 사람들이 있으면 그들에게 자문을 구하라. 업무 분담을 적절히 하려면 치밀한 대책이 필요하다. 그러므로 업무 분담에 익숙해질 때까지는 마감 기한을 넉넉하게 정해야 한다. 그래야 최악의 상황이 발생하더라도 수습

할 시간적 여유가 생긴다. 이처럼 시간적 여유를 두되 동료들의 능력을 과소평가해서는 안 된다. 그들도 아마 당신의 기대에 부응하려고 할 것이다. 나만 일을 잘 해내고 싶어한다는 생각은 버려라. 그들 역시 일을 잘 완수하고 싶어할 것이다.

한편 팀원들에게 자신의 속내를 솔직히 털어놓는 방법도 생각해 볼 만하다. 그들에게 일을 맡기고 싶지만 쉽지 않고, 마감기한 내에 반드시 일을 완수할 것이라는 확신을 갖도록 해달라고 말하라. 일을 맡기면 일정대로 처리해 달라고 말하고, 일단 일을 맡겼으면, 그들을 믿어라.

아마 이렇게 해도 마음이 편치는 않을 것이다. 일을 맡겨놓은 뒤에는 '혹시 일이 잘못되면 어떻게 하지?' 하는 걱정이 들 것이다. 그리고 일이 어떻게 진행되고 있는지 점검하고 싶은 마음이 굴뚝 같을 것이다. 하지만 일단 일을 맡겼으면 간섭하지 말아야 한다. 이것이 바로 업무 분담의 핵심이다. 맡긴 일이 잘 마무리될 경우 우리는 믿음직한 사람들과 함께 일하는 만족감을 느낄 것이다.

만일 자기 자신이 업무 분담을 꺼리는 편이라면, 아마 여러 가지 이유가 있겠지만, 동료들을 믿지 못하기 때문일 수도 있다. 동료들을 믿을 수 있으려면, 그들이 믿을 만하고 실망시키지 않을 사람들이라는 확신이 있어야 한다.

따라서 정말 동료들을 믿기 어려우면, 그 이유가 무엇인지 곰곰이 따져볼 필요가 있다. 혹시 동료들을 믿지 못할 정도로 일이 어렵기 때문인가? 아니면 모든 것을 여러분 혼자 해야 직성이 풀리기 때문인가? 혹은 '누구도 믿지 못하겠어. 일을 제대로 하려면 내가 나서지 않으면 안 돼' 하고 생각하기 때문인가? 이 경우라면, 결국 우리는 기대치가 높은 편이고, 다른 사람들이 그것에 미치지 못하는 모습을 용납하지 못하는 것이다. 하지만 다른 사람들에게 실망하고 화를 내면, 결국 그들과 사이가 멀어지고 우리는 소외되고 만다.

팀원이라면 혼자서만 일할 수는 없다. 예를 들어 몇 사람이 함께 보고서를 하나 작성할 때 서로를 믿는 자세가 가장 중요하다. 의식적으로 다른 사람들을 믿어보려고 노력하라. 물론 누군가 팀원들이 정한 기준에 미치지 못한 채 일을 제대로 처리하지 못할 때가 있다. 이때는 내가 그 일을 다시 하는 대신에 당사자에게 차분히 문제점을 지적하고 격려해 주는 것이 좋다.

138

직장에서 동료들과 함께 일하는 것은 당연하다. 동료들을 믿지 못하는 태도는 과로와 긴장의 지름길이다. 그러므로 괜히 혼자 일을 붙들고서 걱정하지 말고 동료들의 능력을 믿어라.

❶ 종이에 동료들이나 부하직원들의 이름을 적은 다음 그들의 장점과 단점을 적는다.

❷ 이제 자기가 맡은 업무에 대해 생각한다. 첫째, 다른 사람에게 맡기기 어려운 부분을 찾아 자세히 적은 뒤 일단 제외한다. 둘째, 자신이 일정 정도 간여하는 것을 전제로 다른 사람에게 맡길 수 있는 업무를 적는다. 셋째, 전혀 간여하지 않은 것을 전제로 다른 사람들에게 맡길 수 있는 업무를 적는다.

❸ 지금까지 수집한 정보를 분석한다. 우선 마음놓고 다른 사람에게 맡길 수 있는 업무를 수행하는 데 필요한 자질에 대해 생각한다. 다음으로 앞에서 작성한 동료와 부하직원의 장·단점을 참고로 각자에게 가장 적합한 업무를 선택한다. 예를 들면 판매담당인 A는 의사소통 능력이 뛰어나기 때문에 고객상담 업무가 가장 적당하다는 식으로 말이다.

❹ 일단 간섭하지 않아도 다른 사람들이 일을 잘 처리할 것으로 믿는다. 그 뒤 점차 자주 업무를 분담한다. 그러면 나의 업무량은 줄어들고 직원들의 사기는 높아질 것이다.

★ ● ▲ ◆ ♥

작업 공간은 잘 정리되어 있는가? 혹시 좀 어지러워 보여도 '난 모든 게 어디 있는지 정확히 알고 있어요. 단 몇 초 만에 원하는 서류를 찾을 수 있습니다' 라고 합리화하지는 않는가? 사무실 정리가 안 된 경우 운 좋게 원하는 서류를 재빨리 찾을 수 있겠지만, 사무실을 이 잡듯이 뒤져야 할 때도 많을 것이다. 때로는 서류를 아예 찾지 못할 수도 있다. 당신의 경우는 어떤가?

어떤 사람의 책상은 그야말로 활화산 같다. 급히 처리해야 할 서류들이 온통 뒤죽박죽이다. 마감 기한이 다가오면 그다지 중요하지 않은 업무는 점점 책상 끝으로 밀려나고, 관련 서류들은 서서히 식는 용암이 되어 결국 쓰레기통에 처박힌다. 그런데 이렇게 업무를 처리하면 정말 중요한 서류도 함께 없어질 위험이 있다. 또한 중요한 기록이 사라지기 때문에 다른 사람들에게 피해를 줄 수도 있다.

그런데 예전부터 책상정리를 하지 않은 사람들은 큰 불편을 느끼지 못하기 때문에 책상정리의 필요성을 잘 모른다. 사실 사람들은 어지러운 책상을 일종의 시위도구로 이용한다. 마치 난장판 같은 책상을 자랑스레 보여주면서 '내가 얼마나 바쁜지 보시오. 쓸데없이 나를 방해하지 마시오' 하고 외치는 셈이다. 하지

140

만 다른 사람들이 어떻게 바라볼지 생각할 필요가 있다. 정리 정돈에 익숙한 사람들은 어지러운 책상을 무질서의 증거로 볼 뿐 책상의 주인공을 존경하는 일은 결코 없다.

그러므로 정리 정돈에 관심이 있으면, 우선 자신이 어지러운 책상을 싫어하는 모든 이유를 적는 것이 좋다. 책상이 어지러운 경우 나타나는 나쁜 점과 정리 정돈에 능한 다른 사람들의 반응을 생각하라.

이제 본격적인 정리 정돈 작전에 돌입한다. 우선 낱장으로 된 서류를 모두 정리한다. 당장 그날 처리해야 하는 서류가 있으면, 미결서류철을 따로 만들어 보관한다. 그리고 각종 서류의 성격에 맞게 서류철을 만든다. 만약 서류철이 너무 많이 생기면, 각 서류철의 쓰임새를 명확히 정한다. 서류철의 이름만 보고도 어떤 서류가 어느 서류철에 있는지 알 수 있도록 말이다. 서류 정리가 끝나면 책상을 깨끗이 닦고, 꽃이나 가족사진을 놓아둔다.

그런데 책상을 항상 정리 정돈하는 것은 말처럼 쉽지 않다. 작심삼일에 그치는 경우가 많은데, 특히 업무에 따른 압박감을 느낄 때 더욱 그렇다. 그러므로 단단히 각오해야 한다. 명심하라. 습관이란 자주 되풀이하는 행동이고, 우리 목적은 나쁜 습관을 좋은 습관으로 바꾸는 것이다.

물건을 아무 곳에나 두지 마라. 그럴 바에는 차라리 없애버려라.

일단 정리 정돈하는 새로운 습관에 익숙해지면, 과거 우리가 얼마나 엉망진창인 상태로 일했는지 뼈저리게 느낄 것이다. 앞서 고백했듯이 나도 한때 어지럽히는 데 일가견이 있었다.

이메일이 신속하고 효과적인 정보전달 수단인 것은 누구나 아는 사실이다. 그런데 받는 이메일의 양에 따라 그 사람의 중요성이 결정되는 웃지 못할 상황도 연출된다.

"어때? 나는 이 정도로 많은 사람과 연락하는 중요한 인물이야" 하며 이메일을 잔뜩 받은 것을 자랑하는 사람들이 있다.

하지만 이메일이 너무 많이 날아오는 것도 문제다. 일일이 답장을 하지 않으면, 상대방은 '내가 보낸 메일의 내용에 문제가 있는 걸까?', '혹시 일부러 답장을 보내지 않는 걸까?' 하고 궁금해한다. 결국 자칫 잘못하면 오해가 생길 수도 있다.

이때 우리가 선택할 수 있는 길은 2가지다. 첫째, 따로 시간을 내서 이메일을 관리하는 것이다. 그런데 앞으로 이메일을 잘 관리할 거라고 결심하더라도 그것이 말처럼 쉽지는 않다. 이메일은 엄청난 전송 속도를 자랑한다. 따라서 이메일을 관리할 적절한 시간을 배정하는 것이 중요하다. 이메일 체증을 해결하려면, 각 이메일을 적절히 처리해야 한다. 편지 보관함을 잘 정리하거나, 편지 내용을 인쇄해 따로 보관하거나, 확인한 이메일은 삭제하면 된다. 답장을 보낸 이메일은 정기적으로 삭제하라.

둘째, 이메일 이외의 다른 방법을 강구하는 것이다. 사실 이메일은 제한적인 의사소통 방식이다. 이메일은 일방적이고 비생산적인 면이 있다. 대면회의에서조차 의사소통의 80%가 직접적인 말 이외의 수단에 의존하는 점을 기억하라. 회의, 전화, 화상회의, 음성메일, 이메일 등의 의사소통 수단 중에서 장·단점이 가장 극명하게 대조되는 것이 바로 이메일이다. 이메일은 간단한 사실과 자료를 전송하는 데는 편리하지만, 비판, 브레인스토밍^{여러 사람이 모여 문제에 대한 아이디어를 공동으로 내놓는 일종의 창조적 집단사고 회의방식}, 해고 등 인간적인 상호작용이 필요한 경우에는 사용하지 않는 것이 바람직하다.

한편 일부 회사에서는 이메일 사용에 관한 규약이 있다. 만약 우리 회사에 그러한 규약이 없으면 규약을 마련하는 것이 좋고, 회사 차원이 아니라도 팀이나 부서 차원에서 규약을 정해도 좋다. 그런데 규약을 마련하기 전에 동료들의 의견을 들어봐야 한다. 만약 그들도 이메일 때문에 골치를 앓고 있으면 이메일 사용규약에 큰 관심을 보일 것이다.

이메일 사용 규약은 대략 다음과 같다.

- 직접 만나거나 전화를 통해 의논하는 편이 더 효과적인 경우에는 이메일을 보내지 않는다.
- 상대방의 구체적인 행동을 원할 때만 이메일을 보낸다. 그리고 관련정보를 알아야 하는 사람들에게만 보낸다.
- 다른 의사소통 방법을 이용한다. 예를 들면 정보 공유를 위해 전자칠판과 일반 게시판 같은 인트라넷인터넷기술을 이용해 기업이나 단체에 구축된 내부 정보시스템을 이용한다.
- 최신정보를 교환하기 위해 자주 만난다.

새로운 규약이 확정되려면 처음부터 모든 사람이 거기에 동의해야 한다. 프로젝트에 관한 정보를 쉽게 이용할 수 있을수록, 팀이나 부서의 의사소통 수준은 향상되고, 모두가 메일함을 관리하는 수고를 다소 덜 수 있을 것이다.

유능하지 못한 사람들과 함께 일하는 것은 악몽과 같다. 이러한 무능함은 경험 부족, 우유부단함, 허약함, 나태함, 결근, 적성에 맞지 않은 업무 등의 결과인데,

간혹 인간 관계상의 문제 때문인 경우도 있다.

관리자는 직원들이 무능한 이유를 파악할 책임이 있다. 그리고 직원들의 능력개발 방법과 그들에게 필요한 도움을 연구하고 그들의 발전 상황을 점검해야 한다. 물론 나머지는 직원들의 몫이다.

직원들의 능력이 발전할 수 있다는 확신을 갖고 그들의 업무 능력 향상을 유도하라. 이때 우리는 비록 최후의 수단으로 문제 직원들을 해고하더라도 교육과 회의 내용을 기록하는 등 철저하게 접근해야 한다.

우선 문제시 되는 직원과 사적으로 차분히 대화를 나눌 필요가 있다. 여기서 주의할 점은 나중에 업무평가 같은 공적인 기회를 기다리지 말고 문제가 나타나는 초기에 직원과 대화를 통해 문제를 해결해야 한다. 당신이 생각하는 그 직원의 업무수행 능력에 관한 문제점을 솔직히 말하라. 단 함께 업무수행 능력을 키우도록 도움을 아끼지 않겠다는 확신을 주어야 한다. 그런 다음 직원의 의견을 듣는다. 직원이 자기 사정을 털어놓는 동안 말을 끊지 말아야 한다. 이것은 일종의 정보수집 과정이기 때문이다. 말을 끝까지 들은 뒤 문제를 조목조목 지적하는 편이 좋다. 만일 나와 직원 사이의 관계 자체가 문제라면, 왜 그렇게 됐는지 원인을 찾아야 한다.

만일 단지 직원들의 경험부족이 문제라면, 교육과 조언이 도움이 될 것이다. 만일 그들의 우유부단함이 문제라면, 장기적인 관심과 도움이 필요하다. 만일 그들이 업무를 게을리 하거나 결근을 자주 하는 경우라면, 그 이유를 알아낼 필요가 있다.

직원들과 함께 문제의 원인을 파악한 뒤에는 대책을 합의하라. 업무 능력 향상의 관점에서 우리가 그들에게 원하는 것을 정확히 설명하고, 앞으로 그들의 발전 과정을 어떤 식으로 점검할 것인지 말하라. 직원들 역시 자신의 발전 과정을 기록해야 하고, 직원들과 당신은 계속 정기적으로 만나 의논해야 한다. 그들의 발전에 도움이 되는 교육이나 조언 같은 지원 방법을 의논하고, 그들이 확실히 예전과 달라질 때까지 계속 관심을 갖고 이 같은 지원 방법을 유지하라. 그래도 진전이 없으면 해고할 수밖에 없다는 점을 분명히 말해야 한다. 다만 감정적인 접근은 곤란하다. 대신에 직원들의 상황을 이해하고 공감하는 것이 좋다. 하지만 단호하고 명확할 필요는 있다.

언제나 부하직원이 무능한 것은 아니다. 직장상사들이 무능하면, 아마 당신은 자신의 업무뿐만 아니라 그들의 일까지 처리해야 하기 때문에 무척 골치 아플 것이다. 이 경우에는 가능하면 그들의 일을 애초에 맡지 않는 편이 낫고, 이미 맡았더라도 다시 되돌려주는 편이 좋다. 그들의 업무까지 처리할 시간이 없다는 점을 단호하면서도 차분하게 설명하라. 하지만 그들이 없는 자리에서 그들을 비난해선 안 된다. 업무평가시간을 통해 그들이 현실을 직시하도록 유도하라. 만일 그래도 문제가 해결되지 않으면, 인적자원 담당자에게 상황을 설명하고 대책을 의논하라. 다시 한 번 강조하지만 이때도 사적인 험담은 절대 피하고, 오직 업무 효율에 미치는 부정적인 영향만 언급하는 편이 낫다.

만일 회사가 지옥처럼 느껴지면 우리가 택할 수 있는 길은 다음 3가지이다. 첫째, 회사를 떠나거나(물론 최후의 수단이다), 둘째, 일에 별 열의도 없지만 일단은 버티거나(이 방법은 회사와 당사자 모두에게 해롭다), 셋째, 상황을 개선하려고 노력하는 것이다(가장 바람직한 방법이다).

따라서 회사 문을 박차고 나가 이력서를 새로 쓰기 전에 회사가 지옥처럼 보이는 원인을 정확히 파악하는 것이 좋다. 혹시 회사의 인력구조에 환멸을 느끼는가? 사실 직원 서열과 인력 구조가 복잡한 나머지 대체 회사가 어떻게 굴러가는지조차 모를 정도인 경우도 있다. 결국 개별 직원들이 소외감을 느낄 수 있다. 대기업에서는 회사의 목표를 설정하고 주요사안을 결정하며 여러 지시를 내리는 사람들은 대부분의 직원이 겪는 실제 문제나 그들의 개별 목표와 동떨어져 있는 경우가 많다.

혹시 우리 회사는 지금 한창 성장중인가? 그렇다면 회사의 인력구조를 재점검할 여유가 없기 때문에 별 필요가 없으면서도 방치된 부서도 있고, 정말 없어서는 안 되는 부서도 있을 것이다. 예를 들면 고용계약이나 보수지급 등을 모두 경리부서에서 담당하기 때문에 아예 인적자원 관리부서가 없을 수도 있다. 혹은 각 부서의 책임자들이 고용, 해고, 교육, 불만 처리 등의 업무를 모두 처리할 수도 있다. 사실 그들은 이러한 업무를 처리할 만한 시간도 없고 관련 교육도 받지 않은 경우가 많다. 혹시 당신의 회사는 회사에 대한 불만을 털어놓을 만한 공식적인 장이 없는가? 혹은 여러분의 보수, 업무, 재교육 등을 의논할 기회가 없는가?

일단 문제의 진원지를 파악했다면, 단호한 태도로 설득과 타협을 병행해 상황을 타개해야 한다. 당신과 접촉하는 사람들 그리고 그들과의 공식적 · 비공식적 의사소통 라인을 그려보라. 직접 영향을 미칠 수 있는 부분에 표시를 하라. 일단 우리의 무능한 직장상사가 문제라고 가정하자. 이때는 당사자를 직접 찾아가 문제를 설명하고 정기적인 만남을 요청하거나, 그들이 없을 때는 다른 사람에게 결정권을 위임할 것을 부탁하면 된다. 직접 영향을 미칠 수 있는 범위에서는 시스템을 개선하고 새로운 관계와 구조를 모색하는 것을 막는 장애물은 없다. 사실 다른 사람들이 당신 부서의 새로운 모습을 확인한 뒤에는 변화와 개선의 목소리가 여기저기서 들릴 것이다.

만일 회사 구조 때문에 소외감을 느끼는 경우라면, 직원회보를 만드는 데 관심이 있는 사람이 있는지 알아보는 것이 좋다. 점심시간과 퇴근 후 만남을 통해 직장에서 커뮤니티를 만들어라. 그런데 직접 영향을 미칠 수 없는 부분에 문제가 있더라도 좌절할 필요 없다. 대신에 변화를 결정할 권한이 있는 사람들에게 직접 상황을 설명하고 대안을 제시하라. 단 재정적 지원이 필요한 문제라면 대안을 신중히 검토하라. 분위기를 봐서, 일부 권한을 위임해 달라고 요청해도 좋다.

사람들이 괴롭혀요

괴롭힘은 언어폭력이나 물리적 폭력처럼 수치심이나 모욕감을 일으키는, 본인이 원하지 않은 모든 형태의 행위이다. 그리고 그 행위에 대해 같은 방식으로 보복하는 것 역시 괴롭힘으로 볼 수 있다. 만약 이것이 어떤 사람의 성적 지향과 관련되면 그것은 성적 괴롭힘이다.

성적 괴롭힘은 2가지 형태를 띤다. 우선 보복성 성적 괴롭힘은 채용이나 승진 같은 고용 조건을 미끼로 성상납을 받으려는 것이다. 다른 성적 괴롭힘은 인종차별적인 면도 있는데, 이것은 적대적인 업무 환경을 조성하는 것이다. 예컨대 가해자의 말과 행동이 피해자의 고용 조건에 악영향을 미치거나 불리한 업무 환경에서 일하도록 유도하는 것이다.

성적 괴롭힘이건 인종 차별이건 괴롭힘은 일회성에 그치지 않는 특징이 있다. 성적 괴롭힘에 시달린 어느 젊은 여성 직장인은 "아침에 눈을 뜨고 몇 초 동안은 편안해요. 하지만 직장에서 당할 일을 생각하면 구역질이 나서 아침도 못 먹어요" 하고 말하는 그녀는 가해자를 증오할 뿐아니라 제대로 대처하지 못하는 자신에게도 불만이 많았다.

괴롭힘을 방치하면, 피해자의 면역 체계에 이상이 오고 결국 병에 걸리기 쉽다. 혹은 우울증에 빠질 수도 있다. 이것은 정신병이 아니라 정신적 상처로 분류된다.

직장에서의 괴롭힘에 따른 비용은 엄청나다. 괴롭힘에 따라 생산성은 떨어지는 반면 업무상 사고나 실수, 병가, 직원채용 비용, 이직율이 늘어난다. 인적자원 전문가들은 직원 한 명을 교체하는 비용이 그 직원 봉급의 2~3배로 추산한다.

회사는 직장 내의 괴롭힘을 방지할 의무가 있다. 고용주는 성적 괴롭힘과 관련한 상담 및 법적 배상 등의 체계적인 대책을 마련해야 한다.

당신이 괴롭힘을 당하고 있다고 느끼는 즉시 그것에 대한 상세한 기록을 남기고, 가해자와의 일 대 일 만남을 피하라. 그리고 가해자에게 확실한 의사를 전달하라. 가해자와 혼자 만나는 것도 위험하다. 믿을 만한 사람이 있는 자리에서 가해자에게 말로 분명한 의사를 표시해도 좋고, 이왕이면 미리 여러 장 복사를 한 뒤

가해자의 상사에게 서면으로 상황을 알리는 편이 더 좋다.

만약 불행히도 가해자가 당신의 상사라면, 그 문서를 최고경영자와 인적자원 관리부서에 보내면 된다. 가해자가 누구건 간에 상세히 알리는 것이 중요하다. 자신이 당한 괴롭힘의 특성을 명확히 밝히고, 얼마나 불쾌한지 강조하라. 모쪼록 당당하게 행동하라. 다른 사람들이 자신을 믿지 않을지 모른다고 걱정할 필요 없다. 부디 마음을 강하게 먹도록 하라. 지금 나의 건강과 존엄성이 위협받고 있다. 괴롭힘은 단순히 나쁜 것만이 아니고 불법임을 명심하라.

평생직장 개념이 사라진 지는 이미 오래다. 안타깝게도 급변하는 오늘날의 직장 환경에서 더 이상 안정적인 직장을 기대하기는 어렵다. 그렇다면 만약 일자리가 위태로운 경우 어떻게 대처해야 할까?

첫째, 절대로 당황해선 안 된다. 되도록 상황을 긍정적으로 보는 것이 중요하다. 직장에서 떠도는 소문에 괜히 흔들릴 필요 없다. 쓸데없는 유언비어를 두고 갑론을박해 봐야 소용 없다. 대신에 직접 상사나 담당자에게 사실을 확인하라.

직장을 잃을까 봐 걱정하는 것은 매우 고통스럽다. 만일 부양가족이 있다면, 근심을 넘어 공포와 분노를 느낄 수도 있다. 특히 부당한 이유로 해고될 것 같은 상황이면 더욱 그렇다. 이러한 걱정에 시달리기 시작할 때는 혼자만 끙끙 앓는 편보다 도움을 구하는 것이 좋다. 적절한 사람에게 사정을 털어놓고 행동 계획을 마련하면, 오히려 상황을 원하는 대로 이끌 수 있다. 직장상사에게 직접 말해도 좋고, 배우자, 친구, 연인 등과 의논해도 좋다. 물론 전문 컨설턴트도 좋은 의논상대다.

그런데 지금 위기에 처한 것이 당신인가, 아니면 당신이 맡은 역할인가? 만약 전자의 경우라면, 당신에 대한 업무 평가 자료를 참고하라. 거기에 동의하는가? 지적 사항을 수긍하는가? 만일 그렇다면 그 원인을 정확히 파악하고, 향후 대책을 수립하라. 당신 자신이 아니라 당신이 맡은 역할이나 속한 부서 전체가 위기에 처한 경우도 비슷하다. 재교육을 받거나 업무를 바꾸거나 다른 부서로 옮길 수 있는 가능성을 타진하라.

이제 계획을 세울 차례다. 급기야 직장을 옮겨야 할지 모르는 단계인 셈이다. 이직은 인생의 큰 전환점이고, 싫든 좋든 변화여행에 몸을 맡긴 셈이다. 철저한 준비를 해야 변화여행의 장애물이 줄어들 것이다.

이제 나무랄 데 없이 완벽한 이력서를 만들 차례다. 이력서는 단지 지금까지 한 일을 나열한 것이 아니라 중요한 판매 수단이다. 따라서 시간을 두고 최선을 다해 이력서를 작성하라. 필요하다면, 전문가의 도움을 받는 것도 괜찮다. 어느 대졸 여성은 뚜렷한 경력도 쌓지 못한 채 몇 가지 일을 전전했는데, 특히 면접에 필요한 이력서를 쓰는 데 서툴렀다. 그래서 그녀는 전문가의 도움을 받아 이력서에 자신의 능력을 인상적으로 표현할 수 있었다. 기업은 어떤 구체적인 역할을 맡기기 위해 직원을 고용한다는 점을 명심하라. 이력서는 그 역할에 당신이 얼마나 적합한지 보여줄 수 있어야 한다.

회사를 옮기고자 할 때는 업계의 움직임을 조사해야 한다. 같은 업종에서 더 좋은 조건의 회사가 있는지 살펴보라. 혹은 당신의 가치를 높이는 데 필요한 교육프로그램도 찾아보라. 이제 새로운 방향을 잡은 셈이므로, 인맥을 최대한 활용해 정보를 수집하라. 하지만 무엇보다도 긍정적으로 접근하는 것이 가장 중요하다. 건강을 챙기는 것도 빼놓을 수 없다. 건강이 나빠지면 좋은 기회가 찾아와도 잡을 수 없기 때문이다.

지도자는 그 특성상 무거운 책임을 혼자 짊어지고 햇빛이 비추건 바람이 불건 다른 사람들을 이끌어야 한다. 이에 대해 어느 유능한 지도자는 이렇게 말했다.

"나는 책임질 일이 너무 많다. 직원들의 일자리, 보수, 승진, 그들의 가족……. 결국 그들의 운명이 내 판단에 달려 있다."

지도자가 가장 힘든 때는 홀로 고민한 끝에 중요한 결정을 내리는 경우다. 아마 그 결정에 실망하거나 분노하는 사람들이 있겠지만, 모두 만족시킬 수는 없다. 여기서 어느 50대 초반의 훌륭한 지도자의 말을 들어보자.

"기대고 싶을 때가 있지만 기댈 곳이 없다."

"지도자는 실로 외로운 자리다."

지도자는 불확실성 때문에 고뇌해야 하는 경우가 있기 마련이다. 당황하지 않고 때를 기다리며 잠시 자신을 잊어버리는 것이 가장 힘들지만 결국 최선의 길인 경우가 있다. 이것은 누구나 이겨내기 어려운 시간이지만, 다른 사람의 운명이 자신의 결정에 달려 있을 때 특히 그렇다.

이러한 정신적 압박감 때문에 지도자는 육체적인 긴장을 느끼곤 한다. 따라서 지도자는 자신의 사고 방식과 그때 그때의 육체적 긴장을 적절히 인식해야 한다. 이것은 지도자가 비록 어려운 상황에 처해도 더욱 폭넓은 눈으로 바라보는 데 도움이 된다.

성공한 지도자가 되려면, 지속적인 지원체계를 확보해야 한다. 믿음직한 참모진이 있으면 지도자가 생각을 정리하거나 어렵고 복잡한 결정을 내리거나 그 결정의 타당성을 판단하는 데 큰 도움이 된다. 또한 어려운 시기에 이르렀을 때 아무리 지도자 자신이 중요하더라도 자신보다는 회사 전체를 먼저 생각하도록 해 준다.

참모진을 활용하는 방법 외에 지도자들끼리 모임을 만들어 서로 조언을 주고 받는 방법도 있다. 자기 생각을 점검하고 더 나은 방안을 찾는 데는 이런 모임이 필요하다. 어느 미국인 기업주는 그를 비롯한 여러 경영자가 심지어 업종은 다르더라도 서로를 돕는 모임을 만들었고 그 결과 큰 효과를 봤다고 말한 바 있다.

한편 지도자 스스로 삶의 균형을 유지하도록 노력하는 것 역시 필요하다. 만일 오직 일을 위해 산다면 지도자의 시야는 좁아지고 판단력도 흐려질 것이다. 물론 육체적 건강도 나빠지기 쉽다. 그리고 일과 무관한 깊고 폭넓은 경험도 지도자로서의 성공에 큰 역할을 할 수 있다. 아울러 매일 스트레스를 해소하는 것도 필수적이다. 이것은 부하직원들에게 훌륭한 귀감이 될 것이다.

5장

떠나는 스트레스, 다가오는 성공

● 스승은 바로 나 ● 산책이 보약 ● 심호흡은 구원투수 ● 뻣뻣한 목이여, 안녕~ ● 어깨를 편안히 ● 등을 풀어주세요 ● 어깨가 굳었어요 ● 자세를 고칩시다 ● 마음을 다스려야 사람이 따라온다 ● 새로운 도전에 나서자

직장생활을 하다 보면 좋은 일 나쁜 일이 있기 마련이고, 덕분에 우리는 흥분과 만족에서 지루함과 실망 등 온갖 감정을 느낀다. 어려운 때를 만나면 우리 몸은 긴장하거나 탈진한다. 따라서 꾸준히 육체적 긴장을 해소하고 마음 편히 여유를 갖고 활력을 유지하는 데 유용한 몇 가지 응급처치가 필요하다.

이 장에서는 몇 가지 응급처치를 소개하겠다. 모쪼록 이 응급처치 기법들을 완전히 익힐 때까지 연습하고 실생활에 활용하기 바란다.

　이 기법들을 잘 활용하면, 지치거나 긴장한 채 집으로 들어가는 일이 훨씬 줄어들 것이다. 그리로 이제 집으로 일을 갖고 오는 일이 줄어들고, 덕분에 편안하게 여가 시간을 즐길 수 있을 것이다.

　스트레스에 시달릴 때 요술처럼 나타나 문제를 확실하게 해결해 줄 스승이 있다면 얼마나 좋을까? 안타깝게도 그것은 꿈 같은 이야기다. 그렇지만 우리가 자신의 스승이 되지 말라는 법은 없다.

　스승이 가장 먼저 가르쳐주는 것은 바로 당신 자신을 잘 돌보라는 점이다. 따라서 스트레스가 심한 상황에서는 우선 응급처치 삼아 심호흡을 하는 것이 최선이다. 그리고 나서 상황을 냉철하게 분석하라. 예를 들면, 만일 동료 때문에 스트레스를 받는 경우에는 비록 마음은 그렇지 않더라도 회사의 이익을 위해 함께 일하는 동반자라는 점을 상기하자. 동료와 사이가 좋지 않은 것은 서로 목표가 어긋나기 때문이다. 예를 들면 한 사람은 고객만

족에 주목하는 반면 다른 사람은 운영비를 줄이는 데 주력할 수
있다.

다음에는 어떤 행동을 할 때 그 뒤에 숨겨진 진정한 동기를
냉정하게 분석하라. 예를 들면 일단 마감 기한을 맞추는 것을 매
우 중요하게 생각하기 때문에 마음이 급한 나머지 팀원들을 심하
게 재촉한다고 볼 수 있다. 하지만 이것은 겉으로 드러난 현상일
뿐 진정한 동기가 아니다. 사실 그토록 팀원들을 재촉하는 것은
마감 기한을 지키지 못하면 마치 엄청난 실패라도 겪은 듯 여기
기 때문이다. 이것이 바로 진정한 동기다. 한 걸음 물러서서 마치
현명한 스승처럼 상황을 객관적으로 분석하면, 미처 생각하지 못
한 부분까지 볼 수 있다. 상황이 어떻게 전개되건 간에 자신을 최
선을 다하는 사람으로 여기고 자신은 물론 다른 사람들을 따뜻한
시선으로 바라보자.

스트레스를 심하게 받은 날에는 자신도 모르는 사이
에 몸이 경직되기 쉽다. 어깨, 목, 턱 등이 뻣뻣해지
고 호흡이 약해진다. 결국 활력이 떨어지고 사고의 유연성과 독

창성도 사라진다.

　이러한 현상이 일어나는 것을 직감하는 즉시 잠깐 혼자 산책을 하면 좋다. 가능하다면, 밖으로 나가 잠시 신선한 공기를 마시고, 만일 사정이 여의치 못하면, 그냥 사무실 복도를 걷는 것도 괜찮다. 그렇게 하면서 심호흡을 하고, 숨을 내쉴 때마다 의식적으로 양쪽 어깨를 내리고 턱에 힘을 빼도록 하라.

　이제 자기 자신의 내면을 주목할 필요가 있다. 자신의 기분을 자세히 살피되 그것에 빠지는 것은 경계해야 한다. 상황이 급변하든 아니면 정체되어 있든 간에 모든 것은 변한다는 사실을 명심하라.

　혹시 화를 내거나 근심에 빠질 때 나의 호흡 방법이 어떻게 변하는지 살펴본 적이 있는가? 아마 대부분은 제대로 호흡이 이루어지지 않을 것이다. 이는 우리가 난처한 상황에서 감정을 억제할 때 나타나는 자연스런 현상이다. 예를 들면 우리는 짜증나는 회의에 참석해 난감함을 억지로 감춰야 하는 경우가 그렇다.

이런 상황에서는 천천히 심호흡을 하면 잠시나마 긴장을 해소하고 기분전환을 할 수 있다. 일단 숨을 내쉰 뒤 똑바로 앉은 채 천천히 의식적으로 호흡한다. 마치 나의 배가 커다란 풍선이고 거기에 바람을 잔뜩 넣는 기분으로 숨을 들이마신다. 숨을 최대한 들이마신 뒤에는 긴장과 피로를 떨쳐버리듯 숨을 내쉰다. 이 심호흡 방법을 자주 활용하라. 잠시나마 활력을 찾아주는 좋은 응급처치가 될 수 있다.

뻣뻣한 목이여, 안녕~

혹시 회의에서 어떤 사람이 갑자기 자기 머리를 급하게 이리저리 돌리는 모습을 본 적이 있는가? 그것은 절대 금물이다. 자칫 잘못하면 목을 다칠 수 있기 때문이다. 목의 긴장을 푸는 더 안전한 방법을 소개하겠다.

먼저 천천히 심호흡을 한다. 숨을 내쉴 때마다 마치 목의 긴장이 풀리는 것처럼 상상을 한다. 이 연습이 끝날 때까지 계속 이렇게 상상하라.

다음에는 몸을 주목한다. 고개를 앞으로 천천히 숙이고, 머리의 무게를 이용해 자연스레 목덜미가 풀리도록 한다. 이때 양쪽 어깨가 당기는 듯한 느낌이 들어야 한다. 천천히 고개를 들고 부드럽게 고개를 왼쪽 어깨로 천천히 숙인다. 약간 당기는 듯한 느낌이 드는 것은 좋지만 억지로 그럴 필요는 없다. 머리의 무게를 이용해 자연스레 목 근육을 늘이면 된다. 다시 고개를 든 뒤 잠시 있다가 고개를 천천히 오른쪽 어깨로 숙인다. 다시 고개를 원위치시킨 뒤 이번에는 고개를 뒤로 젖힌다. 이 자세로 몇 분 동안 있다가 턱에 힘을 뺀다. 목이 뻣뻣하면 턱도 뻣뻣해질 가능성이 높기 때문에 함께 운동을 해준다.

다시 고개를 든다. 계속 턱에 힘을 뺀 채 천천히 심호흡을 하며 마무리짓는다.

지금 당장 평소에 앉는 자세가 어떤지 생각해 보자. 우선 상체에 주목한다. 혹시 어깨가 지나치게 위쪽으로 향하지는 않았는가? 사람들은 모두 어깨 위쪽이 뻣뻣해져 있다. 물론 목, 턱, 눈구멍, 두피 등도 마찬가지다. 덕분에 두통약 제조업자들만 신난다. 다음 기법은 어깨 근육을 풀어주는 데 큰 효과가 있다. 시간도 약 1분 정도밖에 걸리지 않는다.

우선 어깨가 얼마나 뻣뻣한지 정확히 파악하라. 천천히 복식 호흡을 한다. 이제 어깨를 귀 높이까지 똑바로 들어올린 뒤 그대로 멈춘다. 이 자세에서 숨쉬기가 더 어려운지 살펴본다. 그런 뒤 아주 천천히 어깨를 내리면서 약간씩 움직여본다. 천천히 할수록 더욱 효과적이다. 약 1분 동안 충분히 어깨를 늘어뜨리는데, 어깨가 내려가는 동안에 숨을 내쉰다.

이 기법을 제대로 따라하면, 분명 어깨를 어디쯤에서 멈춰야 할지 대강이나마 알 수 있는데, 마치 어깨에서 허리 중간쯤까지 어깨가 내려간 듯한 기분이 들 것이다. 이런 기분이 들어야 제대로 된 것이다. 어깨가 편안해지면, 잠시 그 편안한 느낌을 즐기고 천천히 심호흡을 하며 마무리짓는다.

이 기법은 등뼈를 유연하게 하는 데 도움이 된다. 이것을 따라하는 데는 5분이 채 걸리지 않는다. 하루에 2번 정도 하도록 한다.

우선 의자 끝에 앉는다. 크게 숨을 들이마신 뒤 내쉬고 나서 몸에 집중한다. 왼쪽 무릎을 들어 양손으로 잡는다. 자연스럽게 왼쪽 무릎을 들어 이마에 닿게 한다. 이때 너무 무리할 필요는 없다. 왼쪽 무릎을 원래 자리에 둔 다음 이번에는 오른쪽 무릎을 양손으로 잡고 이마까지 들어올린다.

이 과정을 각 무릎마다 10번씩 반복하면, 등이 풀어지는 느낌이 들 것이다. 그리고 연습을 거듭할수록 무릎이 이마에 더욱 가까이 닿을 것이다.

이제 의자에서 일어선다. 오른손을 오른쪽 엉덩이에 대고 천천히 오른쪽으로 몸을 기울인다. 머리도 오른쪽으로 기울여 등뼈 전체가 옆으로 부드럽게 휘도록 한다. 그 다음 몸을 꼿꼿이 세운다. 이번에는 왼손을 왼쪽 엉덩이에 대고 왼쪽으로 몸을 기울인다. 이 과정을 각 방향으로 10번씩 반복한다.

이제 양손에 깍지를 낀 채 손바닥이 하늘을 향하게 하고 머리 위로 들어올린다. 갈비뼈가 위로 들리는 듯한 느낌이 들도록 최대한 위로 양손을 뻗는다. 손을 뻗을 때는 숨을 들이마셔야 한다. 최대한 손을 뻗은 다음 숨을 내쉬면서 천천히 근육을 푼다.

하루 종일 긴장에 시달리다 퇴근 후 비로소 어깨가 마치 콘크리트처럼 심하게 굳어 있는 것을 알아차릴 때가 가끔 있다. 이 현상이 나타나면 다음에 나오는 스트레칭기법을 매일 따라 하면 효과적이다. 건강을 위해 하루에 3분 만 투자한다고 생각하라.

우선 양발을 엉덩이 넓이로 벌린 채 똑바로 일어선다. 숨을 크게 들이마신 뒤 내쉬고, 오른쪽 어깨에 집중한다. 이제 오른쪽 어깨 근처에 분필 한 조각이 있다고 가정한다. 부드럽고 천천히 심호흡을 하면서 그 분필로 시계 방향으로 원을 5개 그린다고 상상한다. 처음에는 작은 원을 그리고 점점 큰 원을 그린다. 이번에는 시계 반대 방향으로 원을 점점 크게 5개 그린다. 서두를 필요 없이 천천히 그리면 된다. 어깨 근육과 인대가 늘어나 풀리는 느낌이 들 것이다. 왼쪽 어깨도 같은 과정을 반복한다.

이제 등 뒤에서 깍지를 끼고 손바닥이 위를 향하도록 양손을 쭉 뻗는다. 가슴을 앞으로 내밀고 어깨를 뒤로 당긴다. 이때 가슴이 늘어나고 시원한 느낌이 들 것이다.

다시 깍지를 끼고 손바닥이 앞을 향하도록 어깨 높이에서 양손을 앞으로 쭉 뻗는다. 머리는 앞으로 약간 숙인다. 이 자세로 최대한 양손을 뻗어 등 위쪽 어깨 부분을 풀어준다.

다음 3가지 질문에 있는 그대로 답해 보라.

- 지금 나의 자세는 어떤가? 어깨의 위치는 적당한가? 등뼈가 굽지는 않았는가? 발은 바닥에 제대로 놓여 있는가?
- 평소 나의 자세가 호흡하는 데 미치는 영향을 무엇인가? 혹시 호흡을 방해하지는 않은가?
- 지금 나를 사진으로 찍으면, 과연 어떤 모습일까? 활력, 균형, 평온? 아니면 긴장이나 피로일까?

비록 부정적인 대답을 했더라도 걱정할 필요가 없다. 나쁜 자세는 버릇일 뿐이기 때문에 고치면 된다. 다음은 나쁜 자세를 교정하는 응급처치다. 우선 머리 맨 윗부분에 황금으로 된 실이 달려 저 높은 하늘까지 연결되어 있다고 가정한다. 이제 나는 황금실에 매달린 인형이다. 덕분에 몸이 쭉 펴져 균형이 잡힌다. 등뼈가 곧아지고, 가슴이 넓어진다. 어깨가 편해지고, 머리도 제자리를 잡는다. 발은 바닥에 닿아 있고, 손과 팔은 편안하다.

되도록 자주 황금실에 매달린 듯한 상상을 해야 한다. 그러면 더욱 쉽게 심호흡을 할 수 있고, 긴장이 해소되며, 활력이 넘치게 될 것이다.

스트레스를 받으면 화가 나거나 근심에 빠지고 결국 직장동료와의 관계도 나빠질 수 있다. 동료들에게 쓸데없이 자주 화를 내는 사람은 자기 마음을 살펴볼 필요가 있다.

누군가에게 불만을 품거나 그 사람이 거북하면, 우리 몸은 긴장 때문에 움츠러들고 속마음을 감춘 채 말을 하게 된다. 목소리가 잠기고 숨을 쉬기가 거북해진다. 덕분에 상대에게 과격하고 무례한 태도를 취한다.

그런데 동료들이 바로 내가 느끼는 압박감을 덜어줄 수도 있다. 사람들을 대하는 태도가 거칠어지는 듯한 느낌이 들면, 잠시 상황을 찬찬히 살펴보는 것이 좋다. 일단 심호흡을 하고 마음을 편히 먹는다. 마음에 품은 부정적인 감정을 객관적으로 바라본다. 잠시 산책을 한 뒤 냉정을 되찾고, 모든 사람은 존중할 가치가 있는 존재라는 점을 상기하라.

이제 감정을 배제하고 사람들을 최대한 객관적으로 바라본다. 다시 한 번 심호흡을 하고 자신의 윤리적 자아와 진심에 호소한다. 그동안의 잘못을 사과하고 상대방의 말에 귀 기울인다. 이때도 심호흡을 하면서 안면 근육을 부드럽게 하고 상대방을 똑바로 바라본다. 상대방의 몸짓을 유심히 관찰한다. 상대방의 기분이 어떤 것 같은가? 내가 친근하게 대하면 상대방도 마찬가지일

것이다. 덕분에 나와 상대방 사이의 갈등을 해소할 수 있는 분위
기가 마련된다.

스트레스에 시달리며 생활하는 사람들에게 정신과
육체 사이의 밀접한 연관을 이해하는 것이 문제 해
결의 열쇠다. 이 책의 내용을 충분히 이해한 사람은 말 그대로 인
생을 바꿀 수 있다. 이 말은 결코 과장이 아니다. 분명 확실한 자
신감이 생기고 활력이 넘치며, 미리 스트레스를 예방할 수 있다.
아울러 성공을 위한 잠재력을 마음껏 발휘할 기회를 맞이할 수
있다.

이 책에 소개된 여러 기법은 간단하지만 결코 쉽지는 않다.
제대로 소화하려면 단호한 결심이 필요하다. 굳은 결심 없이는
작심삼일에 그치고 말 것이다.

이 책의 중요한 주제 중 하나는, 습관은 우리가 거의 자동적
으로 자주 반복하는 행동이라는 점이다. 따라서 새롭고 바람직한
습관을 들이려면, 익숙해질 때까지 새로운 행동을 꾸준히 연습해
야 한다. 사실 우리의 사고 방식과 행동 양식은 몇 년 동안 같은

생각과 행동을 반복한 뒤 형성된다. 어떤 새롭고 재미있는 활동 (예를 들어 명상 같은 것)을 접하면, 일단 재미가 있는 동안에는 그것에 빠지기 마련이다. 하지만 얼마 뒤 힘이 들고 당장 효과가 나타나지 않으면, 곧 흥미를 잃거나 지쳐버리고 자신도 모르는 사이에 다시 예전으로 돌아가버린다.

이 악순환을 명심하고 이제 새로운 도전에 나설 때다.

지금 나는 내 생활 방식에 얼마나 만족할까? 과연 지금보다 훨씬 더 여유 있고 자신감과 활력이 넘치는 삶은 가능할까?

이런 질문을 스스로에게 던져보자. 만일 그런 삶을 원한다면, 삶을 바꾸는 주체는 남이 아니라 바로 자기 자신인 점을 명심하라. 이제 삶을 바꿀 준비가 됐으면 이렇게 결심하라.

'앞으로 6주 동안 나는 어떤 일이 있더라도 내 건강한 삶을 우선시하겠다'

6주라는 시간은 나쁜 습관을 버리고 새로운 습관을 들이는 데 충분한 시간이다.

이 책에 소개된 여러 기법 중에서 관심 있는 모든 기법에 집중했으면 한다. 아마 자신의 발전 과정을 점검하고 일기장에 기록하는 것이 유익하다는 점을 곧 깨달을 수 있을 것이다. 우선 일기장 한 페이지에 평소 느끼는 스트레스, 그에 따른 기분과 피로 등 현재 상황을 적고, 다른 페이지에는 앞으로 이 책에 나오는 여러 기법을 열심히 연습한 뒤 달라질 자신의 모습을 묘사해 보자. 나의 표정과 기분은 어떨지, 몸은 얼마나 편안해지고 활력이 넘

칠지 그리고 삶이 얼마나 달라질지 상상해 보자. 사실 이 두 페이지에 적은 내용은 바로 출발점이자 목적지이다. 설령 작심삼일에 그쳐 이전으로 돌아가는 경우가 자주 있더라도 결코 포기해선 안 된다. 오히려 작심삼일에 그친 원인을 파악해 같은 잘못을 되풀이하지 않도록 하기 바란다.

당신에게는 삶을 바꿀 능력이 있다. 자신감이 최고의 무기다.